KB181616

대중과 폭력

대중과 폭력
1991년 5월의 기억

1판 1쇄. 2021년 5월 17일
지은이. 김정한

펴낸이. 정민용
편집장. 안중철
편집. 최미정, 윤상훈, 이진실, 강소영

펴낸 곳. 후마니타스(주)
등록. 2002년 2월 19일 제2002-000481호
주소. 서울 마포구 신촌로14안길 17, 2층(04057)

편집. 02-739-9929, 9930
제작. 02-722-9960
팩스. 0505-333-9960
블로그. https://blog.naver.com/humabook
페이스북·인스타그램/Humanitasbook

인쇄. 천일인쇄 031-955-8083
제본. 일진제책 031-908-1407

값 13,000원

ISBN 978-89-6437-376-7 93300

대중과 폭력

1991년 5월의 기억

김정한 지음

후마니타스

일러두기

▌ 이 책은 1998년, 『대중과 폭력: 1991년 5월의 기억』(이후)으로 출간된 책을 개정한
것이다.

▌ 직접 인용문들의 대괄호([ ]) 안의 내용은 모두 인용자인 지은이가 추가한 것이다. 또
직접 인용문이라 하더라도 명백한 오자나 비문의 경우 독자들의 이해를 위해 수정했다.

▌ 국역본에서의 인용은 개념과 용어를 맥락에 맞게 일부 수정했다.

▌ 외국어 고유명사의 우리말 표기는 국립국어원의 외래어 표기법을 따랐다. 그러나
관행적으로 굳어진 표기는 그대로 사용했다. 다만, 기존 국역본 가운데, 외래어 표기법이나
관행적 표기법과 맞지 않는 문헌들을 출처 표기를 위해 인용한 경우(예컨대, 칼 맑스, 아미엥
등)에는 기존 문헌의 표기를 그대로 유지했다.

▌ 책이나 신문 등은 겹낫표(『 』), 논문은 홑낫표(「 」), 연극이나 영화, 노래 등의 작품명은
홑가랑이표(< >)를 사용했다.

차례

더 나은 실패를 기다리며

1991년 5월 투쟁 30주년에

누구에게나 젊은 날의 정치적 경험은 오래 지속되기 마련이지만, 내게도 1991년 5월의 기억은 삶의 일부로 남아 있다. 그해 거리를 가득 채운 수많은 대중들의 뜨거운 열기, 이어지는 죽음들에 무력했던 참담함, 그리고 일상으로 돌아가던 사람들. 그에 관한 고민을 석사 논문으로 풀어 보고 싶었고, 우연한 인연으로 논문을 다듬어서 이 책의 초판을 출간할 수 있었다. 당시 출판사 대표가 명지대 출신이었고 강경대 열사에 대한 각별한 마음을 갖고 있었다. 20대에 썼던 서투른 책을 50대에 다시 출간하는 일은 흔하지 않을 것인데, 이 또한 1991년 5월을 기억하는 많은 분들의 덕분일 것이다.

이 책을 다시 읽어 보면 1991년 5월 투쟁을 최초로 다뤘다고는 해도 역시 공부를 시작하고 처음 쓴 논문의 한계가 드러나는 점들이 있다. 하지만 스피노자의 말처럼 보다 더 낫게 인식하기 위해 좌충우돌했던 고민의 흔적들은 찾아볼 수 있다. 왜 수많은 사람들이 어떻게 한순간에 거리에 쏟아져 나오게 되는 것일까, 그리고 또 왜 어느 순간에 집과 일상으로 돌아가게 되는 것일까, 예측할 수 없이 폭발적으로 발생하고 소멸하는 대규모 거리의 정치가 보다 나은 세상을 만들기 위해서는 어떤 조건이 있어야 할까. 1991년 5월 투쟁은 내게 공부의 화두였다. 이후 박사 논문에서는 1980년 5·18 광주항쟁을 연구했지만 결국 화두는 동일했다.

돌이켜 보면 1991년 5월 투쟁에서 1980년 5·18 광주항쟁으로 되짚어 가게 된 것도 운명이 아닐까 싶다. 애초에 의식한 것은 아니지만, 역사적으로 1980년 5·18 광주항쟁에서 시작된 1980년대 민중운동은 1991년 5월 투쟁과 더불어 쇠퇴하는 과정에 처했다. '1980년대'라는 정치적 시공간이 1980년부터 1991년까지 12년이라고 보는 이유이다. 그 정점에 1987년 6월항쟁과 노동자 대투쟁이 있는데, 1987년에서 1991년까지 대략 4년 동안 아래로부터의 민주화와 위로부터의 탈민주화는 격렬하게 충돌했다. 1991년 5월 투쟁을 당시 '제2의 6월항쟁'이라고 했던 것은 민주화의 역회전을 막아 내야 한다는 절박한 시대 인식이 있었기 때문이다. 연이은 분신들은 그런 절박함을 필사적으로 보여 주었다. 혁명revolution의 어원에 회전revolve이 있듯이 당대는 회전의 힘과 역회전의 힘 사이의 대항이었다. 그렇지만 분신을 종용하는 배후 세력이 있다는 음모론이 나오고 이를 근거로 검찰이 유서 대필 사건을 조작하면서 결국 1991년 5월 투쟁은 패배했다. 그리고 5월 투쟁의 실패는 1990년대 이후 기나긴 비혁명의 시대로 이어졌다.

1991년 5월 투쟁의 실패라는 시점에서 보면, 1987년 6월항쟁이 민주화의 승리라는 관점은 지나치게 신화화되었다는 것이 드러난다. 6월항쟁의 승리가 5월 투쟁의 패배로 이어진 것인데, 6월항쟁은 그 주역이라는 이른바 86세대가 제도 정치에서 입신양명할수록 그들과 함께 더욱 신화화되고 5월 투쟁은 사실상 잊혔다. 물론 그 패배의 일면에는 1980년대 운동 문화에 내재해 있던 군사적·위계적·엘리트적·남성 중심적 한계들도 존재했고, 이는 1980년대를 어떻게 비판적으로 극복·계승할 것인가 하는 문제를 남겼다.

정치철학적으로 보면, 1991년 5월 투쟁은 한편으로 대중들의 집단적인 정치적 행위가 어떻게 출현하고 소멸하는지에 관한, 다른 한편으로 대중들의 폭력이 지배자들만이 아니라 대중들 자신에게도 공포를 불러일으킬 때 어떻게 정치적 힘을 보존하고 확대할 수 있는지에 관한 사유를 제기한다. 이는 수많은 대중들이 거리의 정치를 전개할 때 항상 반복되는 논쟁점이다. 2000년대 이후에는 대중들의 운동 방식이 촛불이라는 형태로 변화하는데, 여기서도 어떻게 촛불이 켜지거나 꺼지는가, 또는 대항 폭력이나 비폭력, 반反폭력 가운데 어떤 실천이 적합한가에 대한 논란이 있었다. 아마 앞으로도 마찬가지일 것이다. 대중들의 운동이나 봉기가 새로운 질문을 던질 때 그에 대해 미리 선택할 수 있는 정답은 없겠지만, 1991년 5월의 실패를 복기하면서 더 낫게 인식하고 사유할 수는 있다고 믿는다.

이 책에서는 초판과 달리 1991년 5월 투쟁의 전개 시기를

50여 일이 아니라 60여 일이라고 바꾸었다. 이미 『그러나 지난 밤 꿈속에서 이 친구들이 나에 대하여 이야기하는 소리가 들려왔다 1991년 5월』(2002)에 수록한 「권력은 주체를 슬프게 한다: 91년 5월 투쟁 읽기」에서 수정한 바 있지만, 5월 투쟁이 6월 20일 광역 의회 선거에서 실질적으로 끝났다고 보는 것보다 지도부가 명동성당에서 철수하는 6월 29일을 종결점이라고 해야 하기 때문이다. 5월 투쟁 시기의 사망자는 강경대 열사 이외에 열세 명이다. 그 가운데 두 명은 정치적 차원에서 정권을 비판한 것이 아니라 사업장 쟁의 차원에서 분신했다는 이유로 열한 명이라고 보기도 하지만, 이는 정치투쟁과 경제투쟁을 이분법적으로 구별하는 것이기 때문에 문제가 있다. 이 책의 출간 직후 폭력 옹호론이라는 비판들이 제기된 적이 있었는데, 오래전에 고맙게도 고인이 되신 나카무라 후쿠지 선생님이 한 토론회에서 『대중과 폭력』이 폭력 노선을 정당화한다고 보는 것은 오독이라고 지적해 주신 적이 있었다(이 글은 유고집 『나카무라 후쿠지: 한국에서의 추억』에 실려 있다). 이 책을 다시 펴내면서 책을 매개로 맺은 인연들의 기억을 떠올릴 수 있었던 것은 개인적으로 소중한 시간이었다. 지금은 훌륭한 연구자나 활동가가 되신 분들이 대학생 때 이 책을 읽었다는 말씀을 들려주셨던 기억들도 모두 감사하게 간직하고 있다.

1991년 5월 투쟁처럼, 아니 1980년 광주항쟁처럼 대중들의 봉기는 대부분 실패했다. 2016~17년의 촛불 항쟁도 지금 시점에서 보면 실패로 귀결하고 있고, 정치적 대표자들은 바뀌었지만 사람들은 또다시 실망하고 분노하고 있다. 그러나 역사가 조금이라도 나아진다면, 대중들의 봉기는 실패하지만 그 실패의 시도가 있었기 때문일 것이다. 우리는 승리한 역사가 아니라 실패한 역사를 기억하면서 더 낫게 실패할 권리가 있다.

이 책의 초판을 내면서 젊은 날의 인연을 맺었던 도서출판 이후의 옛 식구들에게 오랜만에 안부를 전하고 싶다. 오래전에 절판된 책의 재출간을 흔쾌히 받아 준 후마니타스 출판사의 안중철 편집장과 부족한 원고를 주의 깊게 읽어 준 이진실 편집자에게 깊이 감사드린다.

2021년 5월

김정한

왜 대중인가?

마르크스주의의 위기 이후 마르크스주의, 특히 현대 마르크스주의의 주요 흐름을 이루는 알튀세르주의적 마르크스주의에서 주목받기 시작한 핵심 개념 중 하나는 '대중'이다. '대중과 계급의 변증법'이라는 표현이 등장하는가 하면, 새로운 철학적 효시로 주목받고 있는 스피노자의 '구성적 대중'과 '전복적 대중'이라는 대중론이 관심을 끌기도 했고, 『대중, 계급, 사상』[1]이라는 제목의 책까지 나왔다.

전통적으로 '대중'이라는 개념은 '대중 소비사회', '대중문화' 등의 표현들이 보여 주듯 긍정적이기보다는 부정적인 의미로 사용돼 왔다. 물론 마르크스주의 전통 내에서 대중이라는 개념이 사용되지 않았던 것은 아니고, 또 그것이 부정적으로만 사용된 것도 아니었다. 마르크스주의의 중심 개념인 '계급'처럼 대중에 대해 체계적이고 표준화된 개념화가 이루어진 것은 아

---

1 Étienne Balibar, *Masses, Classes, Ideas: Studies on Politics and Philosophy Before and After Marx*, Routledge, 1994.

니지만, '노동자 대중', '생산자 대중' 등의 표현이 보여 주듯이 마르크스주의 전통 내에서 '대중'은 주로 당이나 노동조합 지도부 내지 의식화된 소수가 아닌, 일종의 '기층의 다수'rank-and-file를 지칭하는 개념으로 사용돼 왔다.

그러나 결국 돌이켜 보면 마르크스주의 전통 내에서 '대중'에 대한 입장은 크게 두 가지 경향을 나타내 왔다고 할 수 있다. 하나는 이에 대한 무관심이다. 즉, 대중이라는 주제는 마르크스주의의 중심적 화두로 자리 잡지 못했다. 둘째, 레닌의 전위당 이론과 결합해 대중은 계몽과 의식화 그리고 동원의 대상으로 간주돼 왔다.

물론 이 같은 전반적 흐름과 대비되는 예외도 있었다. 『대중 파업론』이라는 제목이 잘 보여 주듯이 로자 룩셈부르크의 경우 대중을 중심 화두로 놓고 진지한 이론적 고민을 했고 대중의 자발성과 능동성을 높이 평가한 바 있다. 나아가 그람시 역시 대중문화에 대한 진지한 고민을 피력하면서 이를 긍정적으로 평가한 바 있다. 또한 그는 일상적으로 '과학'에 비해 저급한 것으로 간주하는 대중의 지혜, 즉 '상식'의 중요성과 그것의 적극적인 의미를 주목한 바 있다. 알튀세르 역시 초기의 '구조주의와의 지나친 불장난'에 대한 자기비판 속에서 '역사를 만드는 것은 대중'이라는 테제를 제시한다.

김정한의 이 책 역시 이와 같이 대중을 새롭게 바라보려는 노력의 일환이라 할 수 있다. 서강대학교 정치외교학과 석사 논문으로 제출된 「91년 5월 투쟁 연구: 대중과 폭력」을 기본 골격으로 한 이 책은 '대중'을 마르크스주의의 전통적인 중심 개념인 '계급', '민중', 나아가 최근 이에 대한 대안적 개념으로 부상하고 있는 '시민'이라는 개념과 대비해 분석하는 한편, 이를 한국 민주화 운동의 한 분수령이라고 할 수 있는 1991년 5월 투쟁에 적용한 실험이고 선각적인 연구다.

논문은 작성 과정에서 많은 이야기를 나누면서 대폭 수정돼야 했다. 당초 대중이라는 화두를 당연한 것으로 전제해 스피노자, 알튀세르, 발리바르와 네그리로 이어지는 최근의 대중론을 전통적 마르크스주의 비판의 맥락에서 이론사적으로 기술해 나가던 것을 대중은 무엇이며, 왜 하필 대중인가, 즉 대중이라는 개념을 통해 전통적인 개념, 특히 민중이라는 개념이 설명하지 못한 것, 주목하지 못한 것을 보여 주는 것이 무엇인가를 답하는 방향으로 문제를 계속 제기해 이에 답하도록 했다. 왜냐하면 대중의 새로운 발견이라는 문제의식에 전반적으로 동의하면서도, 그들이 이야기하는 대중이 구체적으로 누구를 지칭하며 왜 하필 대중인가가 명확하지 않아 선문답 같다는 느낌이 들었기 때문이다. 문제를 뿌리까지 들어가 정면 대결하기보다는 단순히 개념을 새로운 것으로 바꿈으로써 해결하려는, 나아가 이를 통해 문제가 해결된 것인 양 생각하는 지적 풍토의 위험성에 대해 평소 주의해 왔기 때문이다.

김정한의 논문은 이 문제에 대해 어느 정도 답하고 있고,

이론적 진전을 가져왔지만, 문제를 완전히 해결하지 못하고 있는 것도 사실이다. 이 점과 관련 (개인적으로 김정한에게 주문했던 것으로) 이 논문의 문제의식을 이루고 있는 것은 두 가지이다. 우선 종전의 계급·민중론이 알게 모르게 민중을 계몽과 동원의 대상으로 대상화했다는 자기비판적 문제의식이다. 이는 중요한 문제의식으로서 주목할 필요가 있다. 그러나 문제는 그렇다면 민중이라는 개념을 그대로 두고 이를 계몽과 동원의 대상으로 간주하지 않는 이론화와 실천을 하면 되는 것이지 그것을 대중이라는 개념으로 바꾼다고 무엇이 달라지느냐는 것이다. 즉, 대중은 계급이나 민중 개념 등과 다르게 계몽과 동원의 대상화를 막는 기제가 그 개념 속에 선험적으로 내재해 있느냐는 의문이다.

둘째, 계급론·민중론이 지나치게 경제 환원론적·생산관계 환원론적이라는 자기비판적 문제의식이다. 이는 개인적으로 첫 번째 문제의식보다 훨씬 의미가 있다고 간주하는 것으로, 기존의 이론은 계급 관계 이외의 비계급적 사회관계를 경시하는 경향이 있었다. 그러나 이 세상에 '순수한' 계급 관계는 존재하지 않으며 계급 관계는 현실 속에서 불가피하게 성적 분할, 지역적 분할 등 비계급적 사회적 관계와의 중층 결정 속에서 표상될 수밖에 없는바, 이 같은 구체성이 대중이 아닌가 하는 문제의식이다. 다시 말해 인간을 사회적 관계들의 총체라고 규정한 마르크스의 문제의식을 상기한다면 이 같은 관계들의 총체들인 인간들의 집합체로서 대중을 인식하는 것이다. 이 같이 대중을 인식한다면 이는 중요한 이론적 전진이다. 그러나 문제는 여전히 남는다.

계급은 그렇다고 치고, 민중의 경우 생산관계를 중심에 놓고 있기는 하지만 생산관계 환원적이 아니라 다양한 사회적 관계와 모순의 중층 결정으로 이해하는 세련된 민중론의 경우 이에 대해 대중론이 갖는 장점은 무엇인가 하는 점이다. 나아가 민중과 대중은 외연이 다른 것인가? 아니면 동일한 대상에 대한 분석 방법의 차이에서 나온 다른 개념화인가? 대중은 '국민전체'인가? 그것이 아니라면 대중과 비대중을 가르는 기준은 무엇인가? 이 같은 의문에 대해 이 책은 답하지 못하고 있으며 대중이라는 개념이 보다 의미 있는 개념으로 자리 잡기 위해서는 답해야 할 숙제들이다.

위에서 지적했듯이 대중이 무엇인지, 누구인지는 아직도 정확하지 않다. 그러나 그 문제의식의 핵심에 필남필녀로 표현되는 보통 사람들이라는 문제의식이 내재해 있는 것만은 확실하다. 그리고 이 같은 대중은 그 누구의 기획도 뛰어넘고, 혁명적 열기로 모든 것을 바꿔 놓는가 하면, 때로는 엄청난 압제에 대해 침묵하고 동조하기도 한다. 대중이 무엇이든 스피노자가 '구성적 대중'과 '전복적 대중'이라 부른 바 있는 이 야누스를 고민하고 정확히 이해할 때 사회적 동학에 대한 우리의 이해, 나아가 보다 나은 사회를 위한 노력들 역시 한 단계 높은 차원으로 발전할 것이라는 사실만은 확실하다. 이 책은 이를 위한 작은 첫걸음이라고 할 수 있다.

1998년 12월 5일

노고산에서 손호철

서강대 정치외교학과 교수

나는 꿈을 꾼다,
주저 없이 '대중' 속으로 소멸할 수 있기를

한 시대가 끝났다 구겨진 종이처럼
슬퍼할 자격이 있는 사람은 또 몇?
구겨질 자격이 있는 슬픔은 또 몇?
한 시대가 끝났다 잊혀졌던 필름에
추억은 또 몇? 희망은 또 몇 미터?
피비린 것은? 견고한 것은? 성난?
촉촉한 것은 의문부호뿐 어여뻐라
이 다음 눈물방울로 똘똘 뭉쳐 그대여
패배가 있었고 다스린 육체가 남았다
그것이 너의 것이다 온전히, 불멸하라

김정환, 「사랑노래 5」

1991년 5월, 나는 거리에 있었다. 많은 사람들과 함께, 그곳에서 '정치'를 익혔다. 하지만 나는 현실의 거리를 알지 못했고, 거리의 현실도 알지 못했다. 세상은 불투명했고, 나는 그저 한 권의 책이 나와 세상을 구원해 주리라 믿었던 순진한 대학생에 불과했다. 1991년 5월 투쟁이 소멸하고, 내게 남겨진 것은 끝없는 의문과 좌절이었다. 기억해야만 한다는 의무감도 없는 강렬한 기억, 그 기억을 내 스스로 납득할 수 있도록 해명하고 싶다는 욕망. 내 육체 어딘가에서, 1991년 5월은 내내 그런 기억과 욕망으로 지속되었다. 나는 여기서 출발해야만 했다.

1991년 5월 투쟁의 분석은 두 가지 방법으로 이루어진다. 첫 번째는 시계열적 분석이다. 이것은 5월 투쟁의 전체적인 전개 과정을 효과적으로 서술하는 데 도움을 준다. 하지만 해석이 개입하지 않는 서술이란 존재할 수 없다. 따라서 통상적인 관념이나 논의들을 보충하거나 반박하면서 좀 더 타당한 해석을 제시하는 데 초점을 맞추고자 한다. 두 번째는 담론 분석이다. 담론 분석은 사람들이 갈등과 대립을 인식하고 투쟁으로 그것을 해결하고자 하는, 언어로 표현된 이데올로기를 보여 준다. 그리고 이로부터, 5월 투쟁이 폭발적으로 발생하고 급작스럽게 소멸했던 이유를 해명하고자 한다. 그러나 공식적으로 기록되거나 보존되지 않는 대중의 언어를 발견하기는 쉽지 않았으며, 이런 점에서 모든 논의들은 원초적인 한계를 전제하고 있다.

그리고 이상의 분석은 크게 세 가지 이론적 쟁점을 부각시킨다. 첫째, 대중의 개념화. 대중이라는 용어는 아주 흔하게 사용되고 있지만 정작 대중을 개념화하는 작업은 거의 부재하다고 해도 과언이 아니다. 따라서 계급, 민중, 시민 개념을 비판적으로 검토하면서, 대중 개념의 복원 가능성을 탐색하고자 한다. 둘째, 대중운동의 메커니즘. 대중 개념과 마찬가지로 이론적으로 거의 포착되지 못하고 있는 쟁점이다. 따라서 비록 정치철학적인 수준에 머물고 있지만, 조르주 르페브르, 로자 룩셈부르크, 스피노자의 대중운동 분석을 재구성해, 기본적인 문제틀을 설정하고자 한다. 이런 논의는 상당 부분 프랑스 철학, 특히 발리바르와 네그리의 작업에 의존하고 있다. 물론 그들이 전혀 차별적인 이론화를 전개하고 있다는 것을 부정하지는 않는다. 셋째, 폭력과 비폭력. 이것은 1991년 5월 투쟁의 가장 주요한 담론이었으며, 대중 또는 대중운동과 관련해 가장 격렬하게 논의되는 쟁점이다. 따라서 우선 폭력과 비폭력의 논리 구조를 해체해 대중운동의 실천 형태가 폭력·비폭력의 거울쌍을 경향적으로 무효화시킨다는 점을 (재)확인할 필요가 있다. 하지만 문제는 여기서 끝나지 않는다. 대중운동의 실천 형태의 불확정성은 역으로 대중운동의 딜레마를 구성한다. 그것은 지배 세력이 대중운동을 와해시킬 수 있는 유용한 자원이며, 동시에 대중 속에서도 양면적인 효과를 야기한다. 모든 대중운동이 반드시 진보로 귀결하지는 않는다는 곤란도 여기서 비롯한다고 말할 수 있다.

이 모든 논의들은 해결하지 못한 많은 한계들에 시달리고 있다. 이 책을 꼼꼼하게 읽어 낸 많은 독자 여러분들로부터 무수한 비판이 시작될 것이다. 그리고 바로 그 때문에, 여기서 전개된 모든 논의들이 비로소, 대중운동 연구에 기여할 수 있는 작은 디딤돌이 될 수 있을 것이다. 다만, 1991년 5월 투쟁 속에서 '목숨을 걸고' 투쟁했던 많은 분들에게 혹시라도 또 다른 상처가 되지는 않기를 바랄 뿐이다. 사실 이것이 가장 두렵다.

돌이켜 볼수록, 고마운 사람들도 점점 많아진다. 고마움도 표현하지 않을수록 잊히기 때문일 것이다. 하지만 지면은 짧고 "나를 믿고 지켜봐 준 모든 분들에게"라는 추상적인 문구로 대신할 수밖에 없을 것 같다. 그리고 무엇보다, '거리'에서 '이론'으로 후퇴했음에도 여기까지 걸어올 수 있도록 거두어 주신 손호철 선생님께 감사의 마음을 전하고 싶다. 선생님께서는 혼란스러울 때마다 현실에 대한 비판적 통찰력이 '개념의 인내'로부터 나온다는 것을 일깨워 주셨으며, 논문 지도 과정에서도 보다 근본적인 사고의 방향으로 안내해 주시면서 복잡한 머리를 더욱 혼란스럽게 만들어 주셨다. 더구나 부족한 논문의 출판을 흔쾌히 지지해 주시고, 직접 발문까지 작성해 주셨다. 비틀어진 현실 속에서 진실을 나눌 수 있는 마음의 스승이 있다는 것만큼 고마운 일도 없을 것이다.

이 글을 쓰면서도 많은 분들의 도움을 받았다. 애정 어린 비판으로 새로운 문제의식을 던져 주시는 강정인 선생님, 짧은 만남이었지만 많은 도움을 베풀어 주신 유석진 선생님, 논문 심사를 맡아 주셨던 신윤환 선생님께 감사드린다. 초고를 날카롭게 비판해 주었던 김원·이충훈 두 친구와 여기 실린 번역문을 꼼꼼하게 검토해 준 정철수에게도 고마움을 전한다. 아울러 항상 작업 공간을 제공해 주는 심리교직 과정 조교 여러분들께 고마움을 전한다. 생각하지도 않았던 출판의 기회를 만들어 준 소나무 출판사의 임중혁 선배, 어려운 출판 상황에도 불구하고 부족한 글을 받아 주신 이후 출판사 여러분들께도 감사드린다. 마지막으로, 늘 공부할 수 있도록 세심하게 배려해 주시는 부모님께도 감사드린다. 공부한다는 핑계로 자식 도리 못하는 자식으로서 죄송스런 마음이 앞선다. 이 책이 자그마한 기쁨이라도 될 수 있기를 바란다.

1980년대라는 정치적 시공간 속에서 꿈과 희망과 좌절을 함께했던 많은 벗들에게는 그리움을 전하고 싶다. 이제는 어느 별에서나 다시 만날 수 있을 '천재 소년'에게도. 가끔 이런 상상을 한다. 1991년 5월에 세상의 모든 시공간이 하나의 미세한 점으로 압축되었으며, 그 속에 잠시 우리가 있었고, 순식간에 압축되었던 모든 시공간이 다시 세상으로 풀려 나갔다는 상상.

하지만 이것은 상상에 불과할 것이다. 나는 또 꿈을 꾸고 있는지 모른다. 언젠가, 다시 세상의 모든 시공간이 하나의 미세한 점으로 압축될 것이라고. 나는 기다린다. 그 안에서 내가 그리고 우리가, 주저 없이 대중 속으로 소멸할 수 있기를. 조금만 더 간절해지고 싶다.

1998년 12월 7일

김정한

1장

현재 속의 역사

1. 이론의 정세

역사history는 고정되고 완료된 이야기story가 아니다. 역사는 이미 완료된 과거에 의해서 결정되지만, 부분적으로만 결정되는, 끊임없이 해체되고 재구성되는 '현재 속의 역사'이다. 역사 Geschichte는 현재 속에서 끊임없이 일어난다geschehen.[1] 역사는 사회가 형성되고 질서 지워지며 해체되고 다시 재구성되며 이어지는 '끝없는 이야기'이다. 따라서 고정되지 않고 완료되지 않는 역사를 이해하고 해석하기는 쉽지 않다. '현재 속의 역사'는 과거를 통해 짜인 지식이나 이론의 그물망을 매번 빠져나가기 때문이다. 더구나 현재 속의 역사를 응집적으로 보여 주는 대중운동은 우발적이고 비조직적이며, 단기간에 폭발적으로 발생하고 소멸한다는 특징으로 인해 연구 및 이론화의 어려움은

---

1 영어에서 역사history의 어원은 이야기story지만, 독일어에서 역사Geschichte는 '일어나다'geschehen의 명사형이다. 루이 알튀세르, 『철학에 대하여』, 서관모·백승욱 옮김, 동문선, 1997, 46-47쪽.

가중된다.[2]

하지만 대중운동에 대한 연구가 지체되는 더 중요한 이유는 바로 그런 특징들로 인해 대중운동 연구가 무가치한 것으로 평가절하된다는 데 있다. 이와 관련해 그람시는 이렇게 말한다.

오직 백퍼센트 의식적으로 이루어진 대중 봉기 운동, 다시 말해 세세한 것까지 모두 사전 계획에 의해 통제된 운동, 혹은 추상적인 이론에 따라 전개된 운동 …… 만이 진정으로 가치 있는 운동이라고 보는 학술적 혹은 학구적인 역사·정치적 관점이 있다. 그러나 현실은 생각할 수 없었던 결합물을 다양하게 산출해 낸다. 이론가들이 해야 할 일은 이러한 것을 해명해 자기 이론의 신선한 증거를 발견해 내는 것, 역사적 삶의 요소들을 이론적인 언어로 '번역'해 내는 것이다. 현실이 추상적 도식에 순응할 것을 기대해서는 안 된다. 그런 일은 결코 일어날 수 없으며, 따라서 그런 생각을 한다는 것은 수동성이 드러난 것에 지나지 않는다.[3]

---

2 이와는 대조적으로 사회운동social movement은 의식적·조직적·장기적으로 전개되는 운동으로서 이해interests를 실현하려는 특정 집단·계층을 중심으로 수행된다는 특성을 갖는다. 일반적으로 사회운동은 정치조직(정당)을 중심으로 하는 정치 운동과 대중조직(노동조합)을 중심으로 하는 대중운동으로 구분되지만, 여기서 개념화하는 대중운동은 사회운동의 하위 범주로서의 대중운동과는 전혀 다른 특징들을 갖고 있다. 사회운동에 대해서는 다니엘 포스·랄프 라킨, 『혁명을 넘어서: 사회운동의 변증법』, 임현진 옮김, 나남, 1991 참조.

흔히들 '대중이 역사를 만든다'고 한다. 하지만 '대중 정치' 또는 '대중 민주주의'라는 용어가 대중조작에 의한 정치, 혼란스럽게 제멋대로 운영되는 민주주의라는 경멸적인 의미로 사용되었던 것에서 보이듯,[4] 대중이 역사를 만든다는 테제도 립 서비스 차원에 머물렀던 것이 사실이다. 그렇지 않으면 그람시가 지적하듯이, 계획되지 않고 통제되지 않는 운동은 무가치하다는 관점이 지배적이었다.

본래부터 혁명운동에 주목했던 마르크스주의도 예외는 아니었다. 혁명은 계급투쟁의 필연적 효과로 이해되었기에, 계급투쟁의 지배성이 관철되지 않는 대중운동은 무가치한 것으로 받아들여졌다. 특히 정통 마르크스레닌주의에서 대중은 계급 또는 전위에 의한 통제와 훈련의 대상으로 전락했다. 그리고 그 역사적 귀결은 마르크스주의의 이름으로 전개된 역사를 마르크스주의적으로 설명할 수 없다는 '마르크스주의 위기'였다.[5] 마르크스주의는 대중운동에 의한 현실 사회주의의 해체 과정을 이론적으로 인식하는 데 실패했다. 역사를 철학의 영역에서 사회과학의 영역으로 끌어내린 것은 마르크스의 공헌이었지만,

---

3 안토니오 그람시, 『옥중수고 I』, 이상훈 옮김, 거름, 1995, 206-207쪽.

4 「대중사회」, 『브리태니커 세계대백과사전 4』, 495-496쪽 참조.

5 루이 알튀세르, 「마침내 맑스주의의 위기가!」, 『당내에 더 이상 지속되어선 안 될 것』, 이진경 편역, 새길, 1992 참조.

그것은 역사의 필연성을 논증하는 대신 결정론과 환원론, 목적론이라는 대가를 치러야 했던 것이다. 그 후 지적 유행이 되어 버린 포스트모더니즘은 그 역편향이었다. 명시적인 마르크스주의 비판으로 시작하는 포스트모더니즘은 역사의 필연성만이 아니라 역사의 존재 및 인식 가능성까지 부정하고, 역사를 우연적인 사건들의 연속으로 개념화했다. 이렇게 포스트모더니즘에서 역사는 불가사의가 되었다.[6]

그 사이에서 한국 정치론의 이론적 정세는 시민사회론에 의해 지배되었다.[7] 하지만 한국의 민주화를 설명하는 시민사회론은 하나의 역설이 되어 가고 있다. 정작 시민사회론이 주목하는 것은 시민사회가 아니라 (제도)정치사회 또는 정당 체계이기 때문이다. 국가와 시민사회의 분리 및 대립을 전제로 한 시민사회론은 '나쁜 국가'와 '좋은 시민사회'를 화해시키는 중간 매개체로서 (제도)정치사회를 필연적으로 도입하는데, 이런 분석틀은 국가·시민사회를 민주화하기 위한 핵심적인 요소로서 (제도)정치사회의 구조와 역할을 강조할 수밖에 없다. '국가-시민사회'의 이분법은 '국가-정치사회-시민사회'의 삼분법으로 진

---

6   포스트모더니즘에 대한 소개와 비판으로는 강내희·정정호 편,『포스트모던의 쟁점』, 터, 1991 참조.

7   시민사회론의 다양한 입장들에 대한 검토로는 손호철,「국가·시민사회론: 한국 정치의 새 대안인가?」,『해방 50년의 한국 정치』, 새길, 1995 참조.

화했고, 기존의 정당론과 최근의 신제도주의가 결합하면서 시민사회론은 정치사회론으로 완성돼 가고 있다. 이 때문에 전략적 선택 이론, 조절 이론, 심지어 사회운동론적 접근까지 (제도) 정치사회와의 타협·연합을 통한 민주화만이 효과적이고 가능하다는 주장에서 벗어나지 못하고 있는 것이다.[8] 하지만 민주화를 추동할 수 있는 대중운동이 시민사회론의 이론적 도식에 따라야 할 이유는 어디에도 없다.

물론 이런 한국 정치학의 이론적 힘 관계들과 무관하게, 대중운동에 대한 관심은 집합행동론이라는 이름으로 통괄되는 일련의 작업들에서 나타나고 있다. 하지만 집합행동론은 그 명칭에서도 보이듯이, 독립적이고 원자적인 개인들을 전제한 후 이들이 모여서 행동하게 되는 이유와 조건을 분석하는 개인주의적 방법론에서 출발한다. 이 때문에 대중운동을 개인의 무의식적 또는 의식적 심리 상태로 환원하거나, 개인의 선택을 규제하는 사회적 요소들로 환원하는 경향에서 벗어나지 못하고 있다.[9]

---

8 임혁백, 「한국에서의 민주화 과정 분석: 전략적 선택 이론을 중심으로」, 『한국정치학회보』, 제24호 1권, 1990; 김호기, 「권위주의 정권의 해체와 민주주의로의 이행, 1987-1992」, 『현대자본주의와 한국 사회』, 사회비평사, 1995; 성경륭, 「한국 정치 민주화의 사회적 기원: 사회운동론적 접근」, 경남대 극동문제연구소 편, 『한국 정치·사회의 새 흐름』, 나남, 1993 참조. 이에 대한 비판으로는 손호철, 「한국 민주화 이론 비판」, 『이론 15호』, 1996 여름·가을 참조.

9 전자는 사회심리학적 분석, 합리적 행위론으로 나타나고, 후자는 기능주의적 분석, 자원

집합행동론에서 대중은 개인으로 해체되지만, 대중운동이 개인
적 선택들의 단순한 총합일 수는 없다.

주지하듯이, 이상의 이론의 정세는 현실의 정세와 결코 분
리되지 않는다. 현실의 정세는 전 세계적인 마르크스주의의 위
기와 신자유주의의 공세로 나타난다. 한편에서 마르크스주의의
위기가 프랑스를 중심으로 전개되었던 1968년 5월 혁명과 그
지연된 효과로서의 1989년 동독의 흡수통일, 1991년 소비에
트의 해체,[10] 그리고 한국에서의 1991년 5월 투쟁과 그 지연된

동원론, 구조적·비교역사적 방법론으로 나타난다. 사회심리학적 분석으로는 르 봉, 프로이트,
블루머의 고전 이론, 데이비스J.C. Davis, 거T. Gurr, 페이에라벤드 부부Ivo K. Feierabend
and Rosalmd L. Feierabend의 좌절 공격 이론, 터너·킬리안R.H. Turner and L.M.
Killian의 발현적 규범론이 있으며, 합리적 행위론으로는 루스R.D. Luce, 라이파H. Raiffa
의 의사결정론과 게임이론, 올슨M. Olson의 무임승차론이 있다. 기능주의적 분석을 대표하
는 것은 스멜서N. Smelser와 존슨C. Johnson이며, 자원 동원론은 졸드M. Zald와 맥카시J.
McCarthy로부터 시작되었지만, 갬슨W. Gamson, 오버샬A. Obershall을 거쳐 틸리C.
Tilly의 정치과정론으로 발전하고 있다. 구조적·비교역사적 방법론은 무어B. Moor를 비롯
해 다양한 흐름을 포괄하지만, 특히 스카치폴T. Skocpol에 의해 제기되었으며, 최근 역사사
회학이라는 새로운 학문 계열을 형성하고 있다. 김영정, 「집합행동의 유형과 경향」, 『집합행
동과 사회변동』, 현암사, 1988; 사회문화연구소 편, 『사회운동론』, 사회문화연구소, 1993; 찰
스 틸리, 『동원에서 혁명으로』, 양길현 외 옮김, 서울 프레스, 1995; 테다 스카치폴, 「혁명에
대한 사회구조적 접근」, 『비교정치론 강의 2』, 김웅진 외 옮김, 한울, 1992; 테다 스카치폴 편,
『역사사회학의 방법과 전망』, 박영신 외 옮김, 민영사, 1986 참조.

10 Immanuel Wallerstein, "1968, Revolution of the Capitalist World-System,"
Theory and Society, Vol. XVIII. No. 2., Spring 1989; 이매뉴얼 월러스틴·지오반니 아리
기·테렌스 K. 홉킨스, 『반체제운동』, 송철순·천지현 옮김, 창작과비평, 1994; 에티엔 발리

효과로서의 1992년 대선 민중 후보의 패배, 그 이후 좌파 진영의 산개 및 해체(심지어 '청산')로 나타난다면, 다른 한편에서 신자유주의의 공세는 1970년대 중후반 이후 스태그플레이션으로 대표되는 자본주의 세계 체제의 '새로운' 일반적 위기와 그 즉각적인 효과로서의 자본축적의 국제적 금융 투기화, 민주주의적 기본권(대표적으로 서구에서의 사회복지권과 제3세계의 생존권)의 전면적인 후퇴, 그리고 한국에서는 1997년 외환 위기와 IMF 관리 체제를 경과하며 사회 양극화가 심화되고 있다.[11]

이런 현실의 정세는 대중운동 연구를 가로막고, 이른바 현실 가능한 대안 마련에 매몰시키는 이론적 효과를 발휘하고 있다. 모두들 대안의 부재를 성토한다. 그러나 그 대안이야말로 대중운동·대중 정치를 이론적으로 번역해 낼 수 있을 때 비로소 가능해진다는 평범한 진실로 되돌아갈 필요가 있다. '현재 속의 역사'를 포착할 수 없다면, 결국 어떤 대안도 존재할 수 없기 때문이다.

바르, 「사회주의와 맑스주의」, 『맑스주의의 역사』, 윤소영 편역, 민맥, 1992 참조.

11   민주와 진보를 위한 지식인 연대 편, 『자본의 세계화와 신자유주의』, 문화과학사, 1998; 김석진, 「아메리카 헤게모니와 동아시아 자본주의」, 『세계화와 신자유주의 비판을 위하여』, 공감, 1997 참조.

2. 1991년 5월 투쟁이 던지는 세 가지 질문

여기에서 대중운동에 대한 분석은 크게 두 가지 흐름을 갖는다. 하나의 흐름이 1991년 5월 투쟁에 대한 경험적인 사례 분석이라면, 다른 하나의 흐름은 그로부터 제기되는 이론적인 쟁점 분석이다.[12]

한국 정치학에서 대중운동에 대한 연구는 다른 연구들과는 대조적으로 빈곤한 실정이다. 더구나 비교적 가시적인 정치사회적 변화를 이끌어 냈던 4·19 혁명이나 1987년 6월항쟁, 아니면 사상 초유의 무차별적 진압에 의해 희생되었던 1980년 5월 광주항쟁을 제외한다면, 한국 현대사의 크고 작은 대중운동들이 사실상 잊혀 가고 있다. 1991년 5월 투쟁도 마찬가지다. 1991년 5월 투쟁에 대한 독자적인 연구는 거의 전무하다. 인상

---

12 주지하듯이 단일 사례 분석은 '과소 사례'라는 결함으로 인해 보편적인 이론을 구축할 수는 없지만, 사례에 대한 집중적인 분석이 가능하다는 장점을 갖고 있다. 아렌트 레이프하트, 「비교정치연구와 비교 분석 방법」, 『비교정치론 강의 1』, 김웅진·박찬욱·신윤환 편역, 한울, 1992 참조. 대중운동 연구가 빈약한 상황에서는 오히려 이런 집중적인 분석이 이론적 일반화의 기초로서 유용하게 활용될 수 있다. 더구나 사례 분석과 결합되는 이론적인 쟁점 분석은 사례에 대한 이해와 해석을 풍부하게 하면서 중범위 수준의 이론화를 도모하는 데 도움을 줄 것이다. 물론 여기서도 단일 사례 분석의 한계로부터 발생하는 과도한 일반화와 개념 확장의 오류를 경계해야 한다. 지오바니 사르토리, 「비교정치연구에 있어서 개념 정립 오류」, 김웅진·박찬욱·신윤환 편역, 같은 책 참조.

적인 수준의 정리나 단편적인 언급이 대부분이고, 다만 한국의 민주화 과정에 대한 분석 속에서 부분적으로 다루어지는 경우가 있을 뿐이다. 1991년 5월 투쟁을 분석 대상으로 설정한 것도 이와 무관하지 않다.

1991년 5월 투쟁의 분석은 두 가지 방법으로 이루어진다. 먼저 1차 자료와 2차 자료를 활용해 1991년 5월 투쟁에 대한 시계열적 분석을 전개한다. 시계열적 분석은 1991년 5월 투쟁의 전체적인 전개 과정을 효과적으로 보여 줄 수 있다. 하지만 1991년 5월 투쟁의 발발·소멸 과정을 좀 더 구체적으로 규명하기 위해서는 담론 분석이 병행돼야 한다. 담론 분석은 언어로 표현된 이데올로기, 즉 사람들이 갈등과 대립을 어떻게 인식하고 있었으며, 또 그것을 어떻게 해결하고자 했는가를 보여 줄 수 있다. 이것은 마르크스의 거의 유일한 '긍정적인' 이데올로기 개념에 의거한다.

대립을 인식하게 되는 터전이자 또한 싸움으로 이 대립을 관철해 나가는 곳이기도 한 이데올로기적 형태들……[13]

---

13 칼 맑스, 「정치경제학 비판 서문」, 『경제학 노트』, 김호균 편역, 이론과 실천, 1988, 11 쪽. 그람시도 이와 유사한 논점을 제시하고 있다. "……경제는 오직 '최종적인 의미에서만' 역사의 원천일 뿐이라는 엥겔스의 말을 기억해 볼 필요가 있다. 이 말은, 「정치경제학 비판」 서문에 있는, 인간이 경제 세계에서의 갈등을 의식하게 되는 것은 이데올로기의 수준이라

물론 현재 시점에서 그 모든 것을 완전하게 이론적으로 '번역'하기에는 자료와 정보의 빈곤이 문제가 된다. 여기서는 일간신문과 당시 대중운동의 공간에서 배포되었던 유인물들을 활용해 그 일부분을 재구성하고자 한다.[14] 유인물 분석은 당시 배포되었던 모든 유인물을 수집할 수 없다는 점, 그리고 유인물을 작성·배포하는 특정 정치 세력의 정치적 입장이 반영될 수밖에 없다는 점 등에서 분석적 한계를 가지지만, 이런 한계는 일간신문 분석으로 보완될 것이다.

이 과정에서 추출되는 이론적 쟁점은 크게 세 가지로 요약할 수 있다. 이것은 1991년 5월 투쟁으로부터 추출되는 쟁점들이지만, 또한 대중운동 연구와 직결되는 질문들이기도 하다.

첫째, 대중이란 무엇인가? 1991년 5월 투쟁의 해석에서 가장 논쟁적인 부분은 그 성격을 규명하는 작업과 관련된다. 1991년 5월 투쟁은 계급 운동, 민중운동, 시민운동, 또는 시민사회의 저항 등으로 상이하게 규정되고 있다. 그리고 이런 시각 차이는 1991년 5월 투쟁의 대중을 어떻게 이해·인식할 것인가

고 하는 말과 직접적으로 연관되는 것이다." 안토니오 그람시, 『옥중수고 1』, 163쪽.

14　이 경우에도 일간신문과 유인물이 대중의 언어를 있는 그대로 재현하는 것은 아니라는 한계가 존재한다. 하지만 대체로 대중의 언어는 공식적으로 기록되거나 보존되지 않는다. 이런 맥락에서 대중은 '언어 없는 대중'이라고 할 수도 있다. 담론 분석을 통해 그 '일부분'만을 재구성할 수밖에 없는 이유가 여기에 있다. 한편 일간신문은 보수성을 띠는 『조선일보』와 진보성을 띠는 『한겨레신문』을 임의로 선정한다.

라는 근본적인 문제를 불러일으킨다.

그러나 대중을 민중이나 계급으로 개념화하는 마르크스주의적 사회구성체론과 대중을 시민으로 개념화하는 시민사회론은 대중에 대한 제한적인 정의로 귀착될 수밖에 없다. 사회구성체론은 경제결정론과 계급투쟁 환원론이라는 이론 내적인 한계로 인해 대중을 경제적 생산관계나 계급투쟁이라는 프리즘으로 바라보도록 만들고, 반대로 시민사회론은 대중을 가로지르는 다양한 보편적 적대들(계급, 성, 인종 등)을 사고하지 못하게 하는 인식론적 장애물을 구축한다. 따라서 이런 한계들을 탈피하기 위해서는 민중·계급·시민이 아니라, 오히려 대중 개념 자체를 복권시킬 필요가 있다.[15]

둘째, 대중운동이란 무엇인가? 이런 문제의식은 사회구성체론과 시민사회론을 벗어나서 대중을 사고하려 했던 다른 이론적 자원들, 특히 르페브르, 룩셈부르크,[16] 그리고 스피노자 등을 통해 좀 더 명료해진다. 르페브르는 일상생활로부터 형성되는 군중의 집합 심성, 로자 룩셈부르크는 정치사회적 관계로

---

15 그럼에도 불구하고 대중은 초역사적인 실체가 아니라 사회적 존재 형태이므로, 대중을 보다 적절하게 이해·인식하기 위해서는 사회구성체론과 시민사회론을 뛰어넘는 새로운 사회분석방법론이 구성되어야만 할 것이다. 이것은 이 글의 범위를 벗어나는 독자적인 연구 과제로 남는다.

16 물론 로자 룩셈부르크의 경우 사회구성체론을 완전히 벗어나지는 않는다. 하지만 그녀의 대중 개념은 사회구성체론으로 포괄될 수 없는, 마르크스주의의 이단점에 위치하고 있다.

부터 형성되는 대중의 자발성spontaneity, 스피노자는 교통com-munication에 의해 형성되는 대중의 역량을 이야기한다. 이들의 논의는 공통적으로 대중운동, 즉 대중의 내재적 경향으로서의 봉기성insurrection이 예상하지 못한 순간에 폭발적으로 나타나는 이유와 조건을 해명하고자 하는 문제틀을 구성하고 있다.

셋째, 폭력과 비폭력. 1991년 5월 투쟁에서 나타났던 주요 담론은 '폭력'이었다. 투쟁이 확산되면서 대중의 생존권적 요구들이 분출하기 시작했고, 대안적 공동체를 지향하는 대안 권력 논쟁이 제기되었지만, 그것은 사회적 힘을 획득하는 데 실패했다. 따라서 당시 '폭력'은 5월 투쟁 내내 다양한 사회 정치 세력들이 현실을 해석하고 설명하기 위해 사용한 거의 유일한 언어였다.

폭력과 비폭력은 대중운동과 관련되는 주요 쟁점이다. 특히 대중운동의 폭력성에 대한 비판은 대중운동 자체를 거부하는 주요 담론으로 작용하고 있으며, 또한 이에 대한 단순한 거울반사는 비폭력에 대한 일방적인 옹호로 나타나고 있다. 그러나 대중운동의 실천 형태는 폭력성으로 환원될 수 없으며, 마찬가지로 비폭력의 틀로 협소화될 수도 없다. 대중운동의 실천 형태는 폭력·비폭력의 경계를 경향적으로 무효화하는, 가장 불확정적인 역사적 개방성을 보여 주기 때문이다.

하지만 이런 불확정성은 역으로 대중운동을 곤란에 빠뜨린다. 그것은 종종 지배 세력에게 대중운동을 와해시킬 수 있는 유용한 자원이 된다. 1991년 5월 투쟁에서도 마찬가지였다. '한국판 드레퓌스 사건'으로 불리는 유서 대필 사건과 밀가루와 계란이 폭력이 되었던 외대 사건은 그 결정체였다. 문제는 여기서 끝나지 않는다. 당시 대중은 지배 세력에 의한 이 같은 이데올로기적 조작을 받아들이거나 적어도 묵인했기 때문이다. 이것은 대중과 폭력의 관계를 다시 질문하도록 만든다. 1991년 5월 투쟁 속에서 대중의 태도는 명백히 양면적이었다. 따라서 그 속에서 거의 유일한 언어였던 폭력 담론은 1991년 5월 투쟁의 촉매이자 재앙이었다.

2장

대중과 대중운동

1991년 5월 투쟁은 강경대 타살 사건이 발생한 4월 26일부터 투쟁의 지도부가 명동성당에서 완전히 철수하는 6월 29일까지 대략 60여 일에 걸쳐 전개되었다. 5월 투쟁은 그 발생 초기부터 '제2의 6월항쟁'이라는 별칭을 부여받을 정도로 6공화국 이후 최대 규모의 집회·시위들이 이어지며, 아무도 예상하지 못했던 상황들을 창출했다. 그러나 1991년 5월 투쟁은 제2의 6월항쟁이 아니었다. 그것은 아무도 예상하지 못했던 방식으로 소멸했다. 그리고 마치 아무 일도 없었다는 듯 모든 것이 잠잠해졌다.

1. 1991년 5월 투쟁의 시작부터 소멸까지

(1) 발발: 4월 26일~5월 4일

1991년 4월 26일 명지대 강경대 학생이 등록금 인상에 반대하는 교내 시위 도중 백골단의 쇠파이프에 맞아 숨지는 사건이 발생했고, 이 사건은 의도하지 않은 결과로서 광범위한 대중운동을 촉발했다. 5월 투쟁의 원인들은 대체로 다음과 같이 제시되고 있다.

첫 번째가 경제적 원인이다. 호황으로의 진입기였던 1987년 6월과 다르게 1991년 5월은 불황으로부터의 회복기였지만, 이런 경기순환을 거치면서 경제 위기는 더욱 심화되었고, 이에 대응하는 임금과 추곡 수매가 한 자릿수 동결 등의 정책이 생존권의 위기로 나타나면서 이로부터 형성된 대중의 잠재적 불만이 강경대 사건을 계기로 폭발했다는 것이다.[1] 두 번째가 정치적 원인이다. 1989년 이후 정권은 공안 정국을 조성했으며, 1990년 3당 합당을 통해 민자당을 출범시키면서 민주적 개혁을 외면했는데, 이에 대한 저항을 물리적 탄압으로 무마하기 위해 공안 통치를 더욱 강화하는 과정에서 강경대 사건이라는 예견된 참사가 나타났으며, 결국 대중투쟁이 발생했다는 것이다.[2]

그러나 우선 경제적 원인, 즉 당시의 구조적인 경제적 위기의 심화 및 이에 따른 대중의 생존권적 위기가 대중운동을 일으킬 정도로 심각한 상황이었다고 보기는 어렵다. 1980년대를 전후로 서구에서는 신자유주의 정책이 추진되며, 대량 실업 등

1 정태인, 「5월 투쟁의 평가와 민족민주운동의 과제」, 『말』, 1991년 7월 참조.
2 최장집, 「한국 민주화의 실험」, 『한국 민주주의의 이론』, 한길사, 1993 참조.

직접적인 대중의 생존권적 위기가 악화되고 있었던 반면, 한국의 경우에는 상대적으로 신자유주의로의 전환이 지체되었고, 당시의 급격한 인플레이션은 경기순환의 한 국면에 불과했기 때문이다.

세계 자본주의 체제는 1929년 대공황 이후 케인스주의를 중심으로, 한편으로 현실 사회주의국가의 형성에 대응해 노동자계급에 대한 일정한 양보(사회복지권)를 제도화하고, 다른 한편으로 거시 경제를 관리하는 국가 개입을 통해 황금기를 구가했다.[3] 하지만 1970년대 중후반의 지속적인 스태그플레이션 및 1980년대 초반의 복지국가의 위기로 인해 케인스주의가 쇠퇴하고 신자유주의가 대두하는 자본주의 체제의 변형이 일어났다.[4] 신자유주의를 주도하는 것은, 국제분업 질서의 재편을 통해 신흥공업국NICs으로 주요 산업을 지리적으로 이동시킴으로써 산업·노동생산성으로부터 상대적 자율성을 획득한 초국적 금융자본이다. 자본축적의 위기에 직면한 초국적 금융자본은

---

3 케인스주의에 대해서는 안토니오 네그리, 「케인즈와 국가에 대한 자본주의적 이론」, 『디오니소스의 노동 I』, 이원영 옮김, 갈무리, 1996 참조.

4 또한 케인스주의의 후퇴는 케인스주의의 이론적 난점에서 비롯한다. '수요가 공급을 창출한다'는 테제에서 '총수요 관리'에 중점을 두는 케인스주의는 총공급의 사전 인정을 전제한다는 점에서 수요와 공급의 불균형에 따르는 인플레이션적 경향을 유발하기 때문이다. 윤소영, 「쉬잔 드 브뤼노프의 '신자유주의' 비판」, 『마르크스주의의 전화와 인권의 정치』, 문화과학사, 1995, 267쪽.

산업·노동으로부터의 상대적 자율성을 기반으로 국제적인 금융 투기에 몰두하면서 국제적 금융 투기에 장애로 나타나는 국가의 통제·개입을 잠식하려는 경향을 갖는다. 즉, 국가의 경제 개입에 반대해 탈규제 및 세계화를 핵심 내용으로 하는 신자유주의는 탈국유화·탈공공화·민영화를 매개로 하여, 시장의 자율성을 강조하고 궁극적으로 자본의 자율성을 강화시키려고 한다. 요컨대 신자유주의는 국가 전체의 사적 자본화를 지향하고 있는 것이다. 따라서 자본주의 체제의 신자유주의적 전환은 단순히 사회복지권만이 아니라 민주주의적 기본권까지 후퇴시키는 경향으로 나타날 수밖에 없다.[5]

물론 한국도 자본주의의 종속성으로 인해 이상의 신자유주의적 전환으로부터 자유로울 수는 없었다. 그러나 1970년대 중반부터 1980년대 초까지의 세계적인 신자유주의적 전환에도 불구하고 한국은 약한 노동(강한 노동 통제, 장시간 노동, 저임금)을 기반으로 지속적인 자본축적에 성공했고, 이것은 특히 1987년 이후의 뒤늦은 민주화 과정과 맞물리면서 신자유주의적 전환을 지연시켰다. 하지만 1980년대 중후반의 3저 호황의 소멸은 국제분업 질서의 재편에 조응하는 산업구조 조정을 요구했으며, 이에 따라 노태우 정권은 토지 공개념, 금융 실명제

---

5   윤소영, 「신흥공업국 위협하는 '신자유주의'의 정체」, 『시사저널』(1996/04/04) 참조.

표 1　노동생산성, 실질임금 상승률, 소비자물가 상승률, 실업률, 착취율

단위: 퍼센트

	1985	1986	1987	1988	1989	1990	1991
노동생산성(제조업)	2.4	8.2	7.3	10.0	7.5	12.7	13.3
실질임금 상승률(제조업)	7.4	6.3	8.3	11.6	18.3	10.7	6.7
소비자물가 상승률	2.3	2.8	3.1	7.1	5.7	8.5	9.3
실업률	3.99	3.79	3.08	2.51	2.57	2.45	2.29
착취율	414	431	410	384	354	408	437

자료: LG경제연구원, 「동향과 전망 지표」,
http://www.lgeri.com/indicate/hindmain.html; 정성진, 「한국 경제의 사회적 축적
구조와 그 붕괴」, 『6월항쟁과 한국 사회 10년 I』, 당대, 1997, 41쪽에서 재구성.

등을 통해 (독점)자본의 합리화를 추진하고자 했다.[6] 그러나 독점자본의 경우, 1986~88년 사이의 호황 국면에서 형성된 자본을 부동산·금융 투기에 이용함으로써 인플레이션을 누적시키고 산업구조 조정을 지연시키면서 정치자금을 매개로 정권과의 유착만을 강화했다.[7] 독점자본의 투기화가 주택·부동산·물가 폭등 등 인플레이션의 심화로 나타나고 있었던 것이다.

　이런 인플레이션의 심화가 대중의 생존권적 위험으로 받아들여졌다는 것은 의심의 여지가 없다. 그러나 당시 이런 위험은 대중운동을 일으킬 정도로 심각한 상황은 아니었다.

6　손호철, 「자본주의국가와 토지 공개념」, 『한국 정치학의 새 구상』, 풀빛, 1991 참조.

7　한사연 경제연구실, 「신경제 2년의 평가」, 『동향과 전망』, 1995 봄; 임휘철, 「6월항쟁 이후 한국 경제 10년의 평가」, 『동향과 전망』, 1997 여름 참조.

노동생산성을 초과하는 실질임금 상승률과 실업률 및 착취율의 감소 경향 등을 보면, 1987년 이후 생활 조건은 조금씩 개선돼 가고 있었다. 또한 전년도와 대비했을 때, 생존권적 위험이 급격하게 증가했던 것은 1991년이 아니라 1990년이었다. 따라서 물가 상승 등 급격한 인플레이션에도 불구하고, 1991년에 대중운동을 유발할 정도의 심각한 생존권적 위기가 나타났다고 볼 수는 없다. 생존권적 위험은 1991년 5월 투쟁의 가장 멀리 있는 원인이었다.

오히려 상황은 그 반대였다. 대중의 생존권적 위험이 1991년 5월 투쟁을 유발했던 것이 아니라, 1991년 5월 투쟁이 전개되면서 대중들은 그 속에서 자신의 생존권적 위험이 완화되거나 제거되기를 요구하기 시작했다. 요컨대 대중의 생존권적 위험은 1991년 5월 투쟁의 가장 멀리 있는 원인이었지만, 가장 주요한 균열 지점으로 형성되어 갔다(3장 1절 참조).

이런 맥락에서 1991년 5월 투쟁의 주요한 원인은 정치적 세력 관계의 차원에서 설명될 때 좀 더 설득력을 가진다. 1987년 6월항쟁과 이후 1988년 여소야대 정국을 거치면서 민주화에 대한 대중의 정서는 거의 혁명적이었다.[8] 이에 대해 노태우 정권은 1989년 4월 문익환 목사의 방북 사건을 계기로 공안 정

---

8 최장집, 「한국 정치에서의 변형주의」, 『한국 민주주의의 조건과 전망』, 나남, 1996 참조.

국을 조성해 사회운동 세력에 대한 선별적 대탄압으로 대응했다. 그리고 이를 발판으로 3당 합당(1990년 1월)을 통해 민자당이라는 거대 여당을 출범시킴으로써 민주화 열기를 잠재우고 정치적 안정을 도모하면서 1992년 이후의 정권 재창출을 보장하고자 했다. 이 과정에서 민주화의 힘으로 열렸던 (제도)정치사회는 다시 축소되었고, 민주적 과제들은 변형되거나 유보되었다. 노동조합법 관련 법안이 폐기되고(1990년 2월 13일), 군조직법 개정안이 날치기 처리되었으며(1990년 3월 12일), 경제정책이 성장 위주로 전환되고(1990년 3월 17일), 금융 실명제가 유보되었다(1990년 3월 17일). 더구나 3당 합당 이후 사회운동 세력에 대한 물리적 탄압은 '범죄와의 전쟁' 선포(1990년 10월 13일)를 통해 더욱 강화되었으며, 따라서 사회운동 세력은 수세적 입장에서 노태우 정권 퇴진 투쟁으로 밀려갈 수밖에 없었다.

더구나 3당 합당은 민자당 내부의 강경파와 온건파 간의 균열을 만들었으며, 계속되는 공안 통치는 야당의 정치적 입지를 축소시켰다. 당시 민자당 내부의 균열은 차기 정권의 계승자와 연결되는 문제였기 때문에 강경파와 온건파의 대립은 타협적으로 봉합될 성격이 아니었다. 마찬가지로 제1야당이었던 신민당은 정치력을 회복하기 위해 노재봉 내각이 주도하는 공안통치를 종결시키고자 했으며, 이런 점에서 민자당의 온건파와 신민당은 이해관계를 함께하고 있었다. 이 때문에 4월 1일 김영삼 민자당 대표최고위원과 김대중 신민당 총재의 5개항 합의

(내각제 반대, 소선거구제 유지, 공안 정치 배격, 광역 의회 선거 6월 실시, 4월 국회에서 개혁 입법 처리)가 가능했던 것이다. 이 과정에서 발생한 강경대 사건은 민자당의 온건파와 신민당에게 공안 정국을 종결시키고 노재봉 내각을 교체할 수 있는 절호의 기회였다. 반대로 민자당의 강경파에게 노재봉 내각의 교체는 곧 내각제 종언을 의미했으며 따라서 차기 대권과 연관되어 쉽게 양보할 수 있는 문제가 아니었다.[9] 즉, 1991년 5월 투쟁 속에는 지배 세력 내부의 균열이라는 중요한 정치적 세력 관계가 존재했던 것이다.[10]

그럼에도 불구하고 1991년 5월 투쟁의 가장 직접적인 원인은 강경대 사건이었다. 이를 이해하기 위해선 한국의 민주화 과정에서 형성된 '열사'라는 독특한 집단적 상징의 성격을 살펴봐야 한다. 4·19의 김주열 열사로부터 시작해 1970년 11월 전태일 분신 이후 열사·분신은 직접적인 대중투쟁을 촉발하고 민

---

9 성기철, 『김영삼의 사람들 3』, 국민일보사, 1996 참조.
10 구 소비에트의 혁명 이론 교과서는 혁명적 정세를 다음과 같이 정의하고 있다. "혁명적 상황을 한마디로 정의한다면, 그것은 '하층계급들'의 위기와 결합된 '상층계급들'의 위기이며, 이를 기반으로 대중의 활동성이 상당히 고양되고 그들이 독자적인 역사적 행위로 이행하는 것이라고 말할 수 있다." 세르게이 노보셀로프 편, 『혁명 이론의 제 문제』, 이창휘 옮김, 새길, 1989, 109쪽. 이 정의에 따르자면 1991년 5월 투쟁은 '하층계급들'의 상대적인 위기와 '상층계급들'의 절대적인 위기의 결합으로 요약될 수도 있다. 어쨌든 1991년 5월 투쟁은 혁명적 상황과 거리가 멀었다.

표 2   1991년 5월 투쟁의 주요 사건 일지

날짜	주요 사건
4월 26일	명지대 강경대 시위 도중 백골단에 의한 폭행·사망
4월 29일	전남대 박승희 분신(5월 19일 사망)
5월 1일	안동대 김영균 분신(5월 2일 사망)
5월 3일	경원대 천세용 분신·사망
5월 6일	한진중공업 노조위원장 박창수 의문사
5월 8일	전민련 사회부장 김기설 분신·사망
5월 10일	광주 노동자 윤용하 분신(5월 11일 사망)
5월 18일	연대 앞 굴다리에서 이정순 분신·사망
	전남 보성고 김철수 분신·사망
	광주 운전기사 차태권 분신
5월 20일	광주 권창수 시위 도중 진압 전경에 의한 폭행·중태
5월 22일	광주 정상순 분신·중태
5월 25일	성균관대 김귀정 시위 도중 질식사
6월 8일	인천 삼미 캔연 노동자 이진희 분신
6월 15일	공성교통 택시 노동자 석광수 분신

주: 이외에도 5월 10일 강란(31세, 여, 간호사)이 시국 관련 유서를 남기고 한강에 투신해 자살을
기도했으나 구조되는 사건이 있었다. 『한겨레신문』·『조선일보』 관련 일자 참조.

주화의 지평을 확대하는 계기로 작용해 왔다. 이로부터 열사·
분신은 자기희생을 통해 대중의 도덕적 분노와 힘의 결집을 이
끌어 낼 수 있는 주요한 실천 형태로 받아들여질 수 있었다. 특
히 분신은 "변화를 추구하는 강력한 열망에도 불구하고 지배 권
력의 압도적인 폭력성으로 인해 이를 실현할 수단을 갖지 못할
때, 약자가 최대한의 도덕적 힘을 발휘할 수 있는 가장 치열한
무기로 선택"돼 왔던 것이다.[11] 이런 맥락에서 1991년 5월 투
쟁의 또 다른 직접적인 원인은 4월 29일 전남대 박승희의 분신

이었다. 만일 박승희의 분신이 없었더라면 강경대 사건은 5월 투쟁으로 연결되지 못했을지도 모른다. 요컨대 한국의 민주화 과정에서 형성돼 온 집단적 상징의 지평 위에서 강경대의 죽음과 박승희의 분신은 대중의 봉기성을 촉발시키는 직접적인 호명interpellation이었다.[12]

(2) 전개: 5월 4일~18일

백골단의 폭행에 의한 강경대 사망 사건에 대한 모든 사회정치 세력들의 반응은 즉각적이었다. 다음날인 4월 27일, 사회운동 44개 단체(이후 55개 단체)는 "고 강경대 열사 폭력 살인 규탄과 공안 통치 종식을 위한 범국민대책회의"를 결성해 대통령 사과, 내각 총사퇴, 백골단 해체, 관련 책임자 처벌 등 4개항의 요구 조건을 제시하고, 29일 "고 강경대 열사 폭력 살인 규탄과 공안 통치 분쇄를 위한 범국민대회"를 개최했다. 한편 노태우 대통령은 27일 안응모 내무부장관을 경질하고, 사건 관련 서장·중대장을 직위해제했으며, 5월 2일 간접적인 사과의 뜻을 밝혔

---

11 최장집, 「한국 민주화의 실험」, 같은 책, 243쪽.

12 호명이란 개인에게 정체성identity을 내면화시키는 이데올로기 작동 메커니즘의 일부이다. 루이 알튀세르, 「이데올로기와 이데올로기적 국가 장치」, 『레닌과 철학』, 이진수 옮김, 백의, 1991 참조.

표 3   1991년 5월 투쟁의 주요 집회·시위 일지

날짜	집 회 · 시 위	주관 단체
4월 29일	고 강경대 열사 폭력 살인 규탄과 공안 통치 분쇄를 위한 범국민대회	범국민대책회의
5월 1일	세계 노동절 102주년 기념 대회	전노협
5월 4일	백골단 해체 및 공안 통치 종식을 위한 범국민대회	범국민대책회의
5월 8일	전국 145개 대학 동맹휴업 돌입	전대협
5월 9일	민자당 해체와 공안 통치 종식을 위한 범국민대회	범국민대책회의
	전국 98개 노조 시한부 총파업	전국투본
5월 10일	노태우 정권 폭력 규탄 및 교육 자치 선포 대회	전교조
5월 11일	박창수 위원장 옥중 살인 규탄 및 노태우 정권 퇴진을 위한 노동자대회	전노협
	고 박창수 위원장 옥중 살인 및 원진 직업병 살인 규탄, 노태우 정권 퇴진 결의대회	전국투본
5월 14일	애국 학생 고 강경대 열사 민주국민장(무산)	범국민대책회의
	해직 교사 120여 명 단식 농성 돌입(명동성당)	전교조
5월 18일	노태우 정권 퇴진 제2차 국민대회(고 강경대 열사 장례식)	범국민대책회의
	고 박창수 위원장 옥중 살인 규탄과 폭력 통치 종식을 위한 전국노조 총파업(총 19개 지역, 156개 사업장)	전국투본
	명동성당 투쟁 돌입	범국민대책회의
5월 25일	공안 통치 민생 파탄 노태우 정권 퇴진 제3차 국민대회	범국민대책회의
6월 1일	전대협 5기 출범식(부산대)	전대협
6월 2일	노태우 정권 퇴진 제4차 국민대회	범국민대책회의
	고 박창수 위원장 공작 살인 안기부 해체 및 노태우 정권 퇴진을 위한 노동자대회	전국투본
6월 8일	6·10항쟁 계승 및 노태우 정권 퇴진 제5차 국민대회	범국민대책회의
6월 12일	고 김귀정 열사 장례식	범국민대책회의
6월 15일	국민회의 선포식(범국민대책회의 재편)·민족민주열사 합동 추모제	국민회의
6월 29일	6·29 선언 파산선고와 노동운동 탄압 규탄 제6차 국민대회	국민회의
	노동 열사 고 박창수 위원장 전국 노동자 장례식	국민회의
	명동성당 투쟁 해제	국민회의

자료: 김정한, 「권력은 주체를 슬프게 한다」, 『그러나 지난밤 꿈속에서 이 친구들이 나에 대하여 이야기하는 소리가 들려왔다 1991년 5월』, 91년 5월투쟁 청년모임 펴냄, 이후, 2002, 50쪽.

다. 동시에 검찰은 사건 관련 진압 전경 5명을 구속했지만, 5월 3일에도 민자당은 백골단 해체 불가 방침을 고수하고 있었다. 신민당과 민주당은 대통령 사과, 노재봉 내각 총사퇴, 백골단 해체를 촉구했지만 일단 원내 투쟁에 주력한다는 방침을 세우고 있었다.

이런 대응들은 사회운동 세력과 야당의 경우 유사한 요구 조건 속에서 처음부터 노재봉 내각이 주도하는 공안 통치 해체를 목표로 하고 있었으며, 사건을 조기 수습하려는 노태우 정권과 마찬가지로 강경대 사건이 대중투쟁으로 확산될 것을 예측하지 못하고 있었음을 보여 준다. 하지만 계속되는 분신과 5월 1일 '세계노동절(메이데이) 102주년 기념대회', 5월 4일 '백골단 전경 해체 및 공안 통치 종식을 위한 범국민 결의대회', 5월 9일 '민자당 해체와 공안 통치 종식을 위한 범국민대회'를 거치면서 5월 투쟁은 걷잡을 수 없이 확산돼 갔다. 더구나 5월 6일 한진중공업 박창수 노조위원장의 의문사는 5월 투쟁에 노동자들이 집단적으로 참여할 수 있는 또 다른 계기로 작용했다.

이때부터 1991년 5월 투쟁은 직접적으로 1987년 6월항쟁과 비교되기 시작했으며, '제2의 6월항쟁'이라는 표현이 회자되었다. 즉, 6월항쟁과의 동일성과 차별성에 대한 담론은 5월 투쟁을 인식하는 하나의 이데올로기로서 그 자체로 현실의 일부를 구성하고 있었다.[13] 그리고 이런 맥락에서 6월항쟁에 대한 대중의 정치적 경험은 1991년 5월 투쟁의 또 다른 보이지

않는 원인이었다.[14]

1987년 6월항쟁과 1991년 5월 투쟁을 비교하는 기존의 담론들은 대체로 참여 세력, 지도 세력, 요구·목표의 차원에서 다음과 같이 정리할 수 있다. 첫째, 참여 세력의 차원에서, 6월항쟁이 중산층을 중심으로 미조직 대중에 의해 전개되었다면, 5월 투쟁은 중산층의 참여 없이 조직적 대중, 특히 기층 민중에 의해 주도되었다. 둘째, 지도부의 차원에서, 6월항쟁의 경우 야당을 포함해 '국민운동본부'라는 명확한 정치적 구심이 있었던 반면, 5월 투쟁은 야당의 미온적인 참여 속에서 범국민대책회의가 통일적인 정치적 구심으로 자리 잡지 못했다. 셋째, 요구·목표의 차원에서, 6월항쟁이 '대통령 직선제와 절차적 민주화'라는 구체적인 목표가 있었다면, 5월 투쟁은 노태우 정권 퇴진 이상의 구체적인 정치적 대안을 제시하지 못했다.

이런 담론들은 현재까지도 5월 투쟁을 바라보는 통상적인 관념으로 남아 있지만 이는 재검토할 필요가 있다. 우선 참여 세력에 대한 평가부터 살펴보자. 1987년 6월항쟁부터 1991년 5월 투쟁에 이르기까지 사회운동 세력이 조직적으로 성장했음은 분명하다. 그러나 조직적인 성장은 1987년 6월에 대한 비교 우

---

13 조희연, 「시론: 87년 6월, 그리고 다시 오는 6월」, 『한겨레신문』(1991/05/25), 1면 참조.
14 혁명운동에서 대중의 정치적 경험을 강조했던 것은 레닌이다. 『공산주의에서의 좌익 소아병』, 김남섭 옮김, 돌베개, 1989, 104쪽 참조.

위, 즉 상대적 성장에 지나지 않는다. 다시 말해서 사회운동 세력들이 1987년에 비해 상당히 성장했다고 하더라도, 5월 투쟁에서 조직적인 대중 동원력을 담보할 정도로 성장했다고 보기는 어렵다. 실제로 기층 민중의 조직적 참여를 주장하는 논자들도 당시 사회운동 조직들이 조직적인 대중 동원에 어느 정도로 성공했는지 판단할 수 있는 지표를 전혀 제시하지 못하고 있다.

　오히려 관련 자료들은 당시 사회운동 조직을 통한 대중 동원이 극히 열악한 수준이었음을 보여 준다. 한국전쟁 이후 최초의 정치적 총파업이었던 5·18 총파업의 경우에도 "부분파업·휴무 사업장을 제외한 전면파업의 사업장은 마창 지역의 9개 노조를 포함, 전국의 16개 사업장에 불과"했으며, "많은 수의 단위 사업장·노조들이 파업의 의미에 동조하면서도 노동조합의 뿌리가 취약하기 때문에 파업에 참가하지 못한 경우가 많"았다.[15] 또한 "5월 투쟁 기간에 가두에서의 노동자들의 정치투쟁 열기를 공장 안으로 끌어들이지 못했던 점은 성남뿐만 아니라 대부분의 지역에서 문제점으로 지적"되었다.[16] 이것은 5월 투쟁에 대한 노동자들의 참여가 조직적인 참여와는 거리가 있었음을 반증하는 것이다. 이에 대한 전국노동조합협의회(이하 전

15　최진섭, 「91임투와 노동조합의 정치투쟁」, 『말』, 1991년 7월, 150쪽.

16　최진섭, 같은 글, 151쪽.

노협)의 평가는 더욱 엄격하다.

이런 조직적 참여에도 불구하고 5·6월 정치투쟁에는 주로 노조
간부를 중심으로 한 선진층이 참여하게 되어 투쟁을 대중적으로
더 이상 전진시키지 못하는 걸림돌로 작용했다. 이렇게 주로 선친
층만 참여하게 된 원인으로는 당면 정치 정세에 대한 사전 선전·
선동이 충분히 조직되지 못했던 점과 노동자의 구체적인 요구와
목표를 바탕으로 투쟁이 집중되고 확대되었다기보다 전반적인 정
세의 고양에 따라 투쟁 분위기가 집중점 없이 분산되었다는 점을
들 수 있다.[17]

더구나 지속적인 공안 통치의 결과 오히려 1989~90년을 지나
면서 사회운동 세력들의 조직력은 약화되고 있었으며, 1991년
에 이르면 물리적 탄압에 의해 이미 핵심적인 조직 역량이 상당
한 타격을 입은 상태였다.[18] 요컨대 조직적인 대응을 모색했던
사회운동 조직의 상층부와 실제로 동원된 하층부 사이에는 일

17　전노협 백서발간위원회, 『전국노동조합협의회 1991 백서 3: 죽음으로 사수한다! 전노
협』, 1997, 461쪽.

18　정대화, 「한국의 정치 변동, 1987-1992: 국가-정치사회-시민사회의 관계를 중심으로」,
서울대 정치학 박사 논문, 1995, 279-281쪽; 최장집, 「한국 민주화의 실험」, 같은 책, 245-
246쪽.

표 4   1991년 5월 투쟁의 참여 인원 변동

집계: 전국

날짜	4월 29일	5월 1일	5월 4일	5월 9일	5월 14일	5월 18일	5월 25일	6월 8일
인원	5만	10만	20만	50만	50만	40만	17만	3만

자료: 『한겨레신문』 관련 일자 참조.

정한 분리·괴리가 존재했던 것이다.

따라서 5월 투쟁의 참여 세력을 조직적 대중만으로 한정할 수는 없을 것이다. 그리고 이것은 다시 중산층이 참여하지 않았다는 주장에 문제가 있음을 의미한다. 기층 민중의 조직적인 참여가 한정적이었고 동시에 중산층의 참여도 없었다면 5월 투쟁에서의 광범위한 대중 동원이 설명될 수 없기 때문이다. 하지만 중산층의 참여도를 판단할 수 있는 명확한 지표 역시 존재하지 않는다. 다만 잠정적으로 투쟁이 확산되는 5월 4일에서 25일 사이에는 중산층의 참여도가 높았다고 판단할 수 있을 것이다.

여기서 한 가지 더 짚고 넘어가야 할 문제는 '중산층의 미참여-기층 민중의 조직적 진출'이라는 논리가 중산층의 보수화 또는 사회운동 조직들의 이념적 급진성에 대한 논거로 연결된다는 점이다. 즉, 1987년 이후 절차적 민주화가 진전되면서 중산층은 보수화되고, 사회운동 조직들은 이념적으로 급진화되어 중산층과 사회운동 세력과의 분리·괴리가 심화되었기 때문에 5월 투쟁은 실패할 수밖에 없었다는 주장이다.[19] 그러나 이 경우에도 사회운동 조직들의 이념적 급진성은 전혀 사실에 기초한 평가라고 할 수 없다. 1987년 7~9월 노동자 대투쟁도 작업장 민주주의의 성격을 벗어난 것이 아니었으며,[20] 1990년에 창립된 전노협의 경우에도 투쟁 방식에서는 전투적이었지만, 투쟁 내용은 경제투쟁에 머물러 있었다.[21] 더구나 1991년 5월 투쟁의 경우에도 범국민대책회의를 비롯해 사회운동 세력들의 슬로건과 요구 조건은 백골단 해체, 평화적 집회·시위 보장, 양심수 석방, 내각 사퇴, 민자당 해체, 노 정권 퇴진 등 이념적 급진성과는 거리가 먼 내용들이 대부분이었다. 다만 학생·지식인을 중심으로 하는 몇몇 비합법 정파 조직들의 경우에는 직접적으로 사회주의를 주장하는 등 이념적 급진성을 드러냈지만, 사회운동 세력의 이념적 급진성으로 일반화할 수 없는 소수에 불과했으며, 실제로 다른 사회운동 세력에 대한 영향력도 미미한 실정이었다. 따라서 사회운동 세력의 이념적 급진성이 5월 투쟁에서의 고립을 자초했다는 평가는 부적절한 것이다.

다음으로, 지도 세력에 대한 평가 역시 재검토될 필요가 있

---

19 정대화, 같은 글, 285-286쪽; 최장집, 「한국 노동계급의 정치 세력화 문제, 1987-1992」, 『한국 민주주의의 이론』 참조.

20 노중기, 「6월 민주항쟁과 노동자 대투쟁」, 『6월 민주항쟁과 한국 사회 10년 I』, 당대, 1997.

21 임영일, 「노사관계 민주화의 조건과 전망: 노동운동 내부 요인의 변화를 중심으로」, 최장집·임현진 편, 『한국 사회와 민주주의: 한국 민주화 10년의 평가와 반성』, 나남, 1997 참조.

다. 5월 투쟁을 지도했던 범국민대책회의가 6월항쟁의 국민운동본부에 비해 정치적 구심의 역할을 하지 못했다는 것은 사후적 평가에 지나지 않는다. 문제는 그 이유를 신민당 등 야당과 연대하지 못했기 때문이라고 설명하고, 또 그 실패의 원인을 사회운동 세력의 이념적 급진성에서 발견하려는 데 있다. 하지만 위에서 본 것처럼 당시 사회운동 세력의 이념적 급진성은 소수 세력에 불과했다. 오히려 범국민대책회의에서는 야당과의 연대를 위해 투쟁 슬로건과 목표를 계속해서 조절하려는 경향을 보였다.[22] 그럼에도 불구하고 야당과의 연대가 실패했다면, 그것은 야당이 처음부터 5월 투쟁에 참여하려 하지 않았기 때문이라고 볼 수밖에 없다. 실제로 야당은 노재봉 내각을 교체해 공안 통치를 종식시킴으로써 이후 정치 일정에서 유리한 위치를 차지하기 위해 5월 투쟁을 이용하려는 의도만을 가지고 있었다. 이 때문에 야당은 강경대 사건에 대해서도 일단 원내 투쟁에 주력하려는 방침을 정하고 있었고 투쟁이 확산되자 범국민대책회의에서 상임 대표까지 맡았지만, 형식적이고 소극적인 참여에 머물렀다.[23] 즉, 범국민대책회의가 야당과의 연대에 실패한 것은 애초부터 야당이 그렇게 할 의사가 없었기 때문이다.

---

22 이에 대해 정성진은 '자기 억제 전술'이었다고 비판한다. 정성진, 「87년 6월과 91년 6월의 성격 연구」, 『캠퍼스 저널』, 1991년 7월 참조.

23 박주필, 「집중 취재: 노 정권에 맞선 국민회의」, 『말』, 1991년 7월 참조.

물론 당시 신민당은 사회운동 세력에게 막강한 영향력을 행사하고 있었으며, 특히 김대중에 대한 비판적 지지 세력은 범국민대책회의에서도 주류를 형성하고 있었다. 다시 말해, 범국민대책회의가 정치적 구심이 되지 못했던 일차적 요인은 스스로 정치적 구심이 되려 하지 않았으며, 5월 투쟁의 대표성을 신민당과의 연대를 통해 획득하려 했던 전술적 오류에서 비롯된 것이었다.

지도 세력에 대한 이상의 평가는 세 번째로 살펴볼 요구·목표의 차원과도 연결된다. 강경대 사건 직후 내각 총사퇴, 대통령 사과, 백골단 해체, 관련 책임자 처벌을 제시했던 범국민대책회의는 5월 4일 백골단 해체 투쟁, 5월 9일 민자당 해체 투쟁에 각각 20만, 50만이 넘는 대중의 참여가 이어지자 투쟁 목표를 "노태우 정권 퇴진과 민주 정부 수립"으로 재조정하고, 5월 15일에는 "공안 통치 분쇄와 민주 정부 수립을 위한 범국민대책회의"로 명칭을 변경하면서 당면 투쟁 10대 과제'를 제시했다.[24]

① 내무부 장관 이하 고 강경대 열사 살인 및 애국 시민 권창수 씨 폭행 책임자를 구속 처벌하고 전투경찰, 백골단을 해체한다.

---

24 국민연합 사무처 편, 『새로운 시작 민중 승리를 위하여』, 일송정, 1991, 37-38쪽.

② 안기부가 개입된 한진중공업 노동조합 박창수 위원장의 옥중 살인 및 진상을 철저히 규명, 책임자를 처벌한다.

③ 수천 명에 이르는 양심수들의 석방과 모든 수배자들의 수배 해제를 위해 투쟁한다.

④ 국가보안법, 안기부법, 집시법, 노동관계법, 교육관계법, 문화관계법 등 국민의 기본권을 억압하는 악법을 철폐하고, 안기부, 기무사, 치안본부 대공분실 등 고문과 밀실 수사를 자행하는 폭압 기구를 해체한다.

⑤ 물가 폭등, 집값 폭등 등 민생 파탄을 야기하는 재벌 위주 경제 정책을 철폐하기 위해 투쟁한다.

⑥ 무노동·무임금, 무차별적 구속·수배, 노동쟁의 현장에 대한 무차별적인 공권력 투입 등 더욱 가혹해진 노동운동 탄압과 민주 노조 탄압 책동을 분쇄하기 위해 투쟁한다.

⑦ 농업 해체, 농민 말살을 기도하는 농산물 수입 개방 및 농어촌 발전 종합 대책을 저지하고 쌀을 비롯한 농산물 가격 보장, 전량 수매 쟁취를 위해 투쟁한다.

⑧ 항상적인 실업에 시달리는 도시 빈민의 삶을 더욱 악화시키는 강제 철거, 노점상 단속을 저지하고 영구 임대주택과 노점상 자립법을 쟁취한다.

⑨ 참교육 실현을 위해 일어선 전교조를 합법화하고 해직된 교사·교수들을 복직시키기 위해 투쟁한다.

⑩ 수질·대기오염 등 각종 공해와 산업재해, 직업병을 추방하고,

국민의료보험법을 쟁취하여 국민 모두가 건강하게 살아갈 수 있는 환경을 만들기 위해 투쟁한다.

하지만 이 10대 투쟁 과제는 노태우 정권 퇴진이라는 슬로건에 걸맞은 과제라고 보기 어려웠다. 단지 각 부문 운동의 목표들을 취합·열거하는 수준에 불과하고, 몇몇 내용을 제외하면 5월 투쟁의 정세적 흐름과도 부합하지 않으며, 노태우 정권 퇴진 투쟁을 적극적으로 추동할 수 있는 과제들이 아니었다. 이것은 범국민대책회의가 부문 운동 조직들의 회의체 수준이라는 것을 반영하면서 스스로를 민주 정부 수립의 권력 대안이 아니라 민주 정부 수립을 위한 압력단체로서 상정하고 있었다는 것을 의미한다. 따라서 범국민대책회의의 노태우 정권 퇴진 슬로건은 사실상 립 서비스 차원에 불과했으며, 오히려 주된 목표는 공안 통치 분쇄로 설정한 것이라고 볼 수 있다. 요컨대 노태우 정권 퇴진 이상의 구체적인 정치적 대안이 없었던 것이 아니라 애초부터 노태우 정권 퇴진 이상을 상정하지 않았던 것이다.[25]

대책 회의는 조직 개편 이후로도 적어도 당분간은 정권 퇴진을 구호로는 내세우되 '쟁취'해야 할 현실적 목표로는 애초의 공안 통

---

25 『한겨레신문』(1991/05/17), 3면.

치 종식, 내각 총사퇴, 백골단·전경 해체 등을 집중적으로 부각시킨다는 방침이다. 이 과정에서 국민들의 투쟁 열기 수위가 높아갈 것으로 보고 이런 요구를 수렴하는 모양을 갖춰, 정권 퇴진 뒤의 정치적 대안으로서 국민운동본부를 구성해도 늦지 않다는 식의 2단계 전략인 것이다. 또 성급하게 기구의 위상 변화를 서두르다가 신민·민주당 등 야권과의 연대에 동요가 빚어져서는 안 된다는 판단도 2단계 전략을 결정하는 데 주요 변수로 고려됐다는 게 재야 쪽 핵심 관계자들의 설명이다.

사회운동 세력의 저항과 야당의 공세에도 불구하고 노태우 정권의 강경 대응 방침은 쉽게 변화하지 않았다. 하지만 '노재봉 내각-공안 통치-내각제-차기 권력 계승'이라는 연결 고리에 의해 정권 내부의 강경파와 온건파의 대립은 강경대 사건 직후부터 표면화하기 시작했다. 당연히 핵심 쟁점은 공안 통치와 내각제를 매개하는 노재봉 내각의 사퇴·교체 여부였으며, 김영삼 민자당 대표최고위원을 비롯한 민주계는 시국 수습 방안으로 노재봉 내각 전면 개편론을 주장했다. 이에 대응해 민자당 강경파는 5월 3일 여야 긴급 총재 회담을 제안했으나 민자당 온건파와 공통의 이해관계를 갖고 있었던 신민당은 노재봉 내각 총사퇴를 전제 조건으로 내세우며 총재 회담을 거부하고, 이 조건이 수락되지 않는다면 장외투쟁에 나설 것이라고 경고했다. 물론 장외투쟁은 경고·위협의 의미 이상이 아니었다. 김대중 총재는 "국민 대다수가 부도덕하고 무능한 노 정권의 퇴진을 바라고 있지만 국민들은 또 한편으로 선거에 의한 정권 교체를 원하고 있다"라면서 재야와 학생들의 정권 퇴진 주장에 동의할 수 없음을 명백히 했다.[26] 하지만 민자당은 5월 10일 보안법과 경찰법을 날치기 통과시키고 노재봉 내각 사퇴를 거부했으며, 5월 11일 노태우 대통령과 김영삼 민자당 대표최고위원의 청와대 회동에서도 강경 대응이라는 기본 방침을 재확인했다. 물론 차기 권력 계승과 연결되는 강경파와 온건파의 갈등은 이렇게 봉합될 수 있는 문제가 아니었으며, 보안법과 경찰법이 날치기 통과되자 야당은 장외투쟁을 선언했다. 즉, 노재봉 내각 사퇴를 중심으로 민자당의 온건파와 야당, 특히 김영삼 민자당 대표최고위원과 김대중 신민당 총재의 암묵적인 공조가 이루어졌던 것이다.

게다가 5월 14일 '애국 학생 고 강경대 열사 민주 국민장'이 강경 봉쇄에 의해 무산되었음에도 불구하고 50여만 명이 참여하고, 5월 18일 제2차 국민대회, 노동계 총파업, 전대협의 동맹휴업이 예견된 가운데, 야당 또한 19일 옥외 집회를 추진함에 따라 민자당 강경파의 정치적 입지는 급격히 축소되었다. 따라서 5월 15, 16일이 지나자 노재봉 총리 퇴진을 비롯한 내각

---

26 『한겨레신문』(1991/05/07), 3면.

표 5 5월 투쟁의 균열 지점

	사회적 관계의 재생산 지향	사회적 관계의 변화 지향
제1균열	지배 세력	봉기한 대중·사회운동 세력 비주류
제2균열	민자당 강경파	민자당 온건파·야당·사회운동 세력 주류

개편은 사실상 택일만 남은 상황으로 반전했다.

(3) 소멸: 5월 18일~6월 29일

5월 투쟁의 주요 균열 지점은 복합적이었다. 한편으로 독점자
본 운동의 투기화에서 비롯된 급격한 인플레이션이 대중의 생
존권적 위험으로서 하나의 균열 지점이었다면, 다른 한편으로
노재봉 내각을 연결 고리로 하는 '공안 통치-내각제-차기 권력
계승'을 둘러싼 갈등이 또 하나의 균열 지점을 구성하고 있었다.
　　그리고 5월 투쟁 과정에서 민자당 강경파의 정치적 입지가
축소되고, 노태우 대통령에 의해 노재봉 내각 개편이 추진되면
서 먼저 제2균열이 소멸했다. 5월 22일 노재봉 국무총리는 국
무총리직을 자진 사퇴했고, 5월 25일 노태우 대통령은 정원식
을 국무총리에 임명하는 등 4개 부처 장관을 경질해 내각 개편
을 마무리했으며, 5월 28일에는 민심 수습 대책을 발표함으로
써 차기 대통령 직선제를 기정사실화하고 사실상 내각제 개헌
을 포기했다. 이렇게 제2균열이 소멸되자 민자당 온건파·야당·

사회운동 세력 주류에게 더 이상의 5월 투쟁은 사실상 무의미해졌다고 할 수 있다.

　그럼에도 불구하고 구조적 모순으로부터 야기되었던 제1균열은 소멸하지 않았고, 실제로 노태우 정권은 제1균열을 해결할 수 있는 능력을 갖고 있지 못했다. 따라서 제1균열을 무마하기 위한 우회적인 방법이 두 가지 측면에서 전개되었다. 첫 번째 방법은 사회운동 세력에 대한 물리적 탄압을 강화하는 것이었다. 노태우 정권은 내각 개편과 더불어 본격적으로 5월 투쟁 지도부에 대한 검거에 나섰으며, 5월 18일 이후 범국민대책회의의 근거지였던 명동성당을 봉쇄하고, 집회·시위에 대한 강경 대응을 계속했다. 두 번째 방법은 광역 의회 선거로의 국면 전환이었다. 노태우 정권은 5월 24일 광역 의회 의원 선거일을 6월 20일로 확정하는 등 선거 국면을 조성했으며, 제2균열이 이미 소멸되는 상황이었기 때문에 민자당의 온건파만이 아니라 야당 및 사회운동 세력 주류의 경우에도 광역 의회 선거 일정에 맞춰 투쟁 수위를 조절하기 시작했다.

　물론 사회운동 세력 내부에서는 광역 의회 선거에 대해 첫째, 야권 후보 단일화, 둘째, 독자 후보 전술, 셋째, 선거 참여 반대 등으로 입장이 갈렸지만, 야당에 대한 비판적 지지 세력이 압도적인 다수였던 상황에서 두 번째, 세 번째 입장이 관철되는 것은 불가능했다.[27] 하지만 사회운동 세력 주류가 주장하는 지방자치단체 선거 투쟁의 주요 내용은 "첫째, 절대로 민자당 후보나 친민자당 무소속 후보는 찍지 않으며, 둘째, 연석회의에서 추천하는 후보는 적극 지지하며, 셋째, 광역 의회 선거에 적극적으로 참여해 민자당을 심판한다"는 것이었다.[28] 이것은 민주 정부 수립 등의 화려한 수사에도 불구하고, 결국 대중의 봉기성을 제거하는 투쟁 아닌 투쟁이었으며, 5월 투쟁을 선도적으로 자체 정리하는 것에 다름 아니었다. 선거 혁명론에 사로잡힌 1987년 6월항쟁의 전략적 오류가 다시 한 번 되풀이되었던 것이다.[29] 범국민대책회의에서는 일단 선거를 거부해야 한다는 입장을 취했지만, "현실적으로 선거 국면이 진행되자 산하 단체 중 이에 적극적으로 참여하는 조직이 많은 이상 이를 막연히 바라만 볼 수는 없는 입장"이었으며,[30] 가장 큰 대중 동원력을

---

27   민족민주운동연구소, 『정세연구』, 1991년 5월 참조.

28   「서울민주단체 연석회의 선거 투쟁 강령 및 성명서(1991/06/02)」, 국민연합 사무처 편, 『새로운 시작 민중 승리를 위하여』, 107쪽.

29   조현연, 「6월 민중항쟁과 '문민 독재'」, 『이론 17호』, 1997 여름 참조.

30   박주필, 「노 정권에 맞선 국민회의」, 33쪽. 광역 의회 선거에 대한 범국민대책회의의 기본 입장은 '민주 개혁 요구가 수용되지 않은 상태에서 치루어지는 광역 의회 선거는 반대한다'라는 것이었으나, "이에 대해 업종 회의와 전대협, 전청대협 등의 단체는 뒤늦게 대책 회의의 방침에 이의를 제기하면서 '광역 의회 선거에 참여할 것과 야권과의 가능한 수준에서의 연합 공천 등을 모색하고, 민자당 후보 낙선 운동 등 대책 회의 차원에서의 방침'을 수립할 것을 제기했다. 대책 회의는 이 문제를 두고 상당한 논의를 거쳤지만 결국 '대책 회의'의 차원에서는 선거와 관련된 어떠한 방침을 가질 수 없음을 확인하는 선에서 마무리되었다." 국민연합 정책위원회, 「상반기 투쟁 평가서(초안)」, 『새로운 시작 민중 승리를 위하여』, 145쪽.

가진 전국대학생대표자협의회(이하 전대협)은 6월 1일 5기 출범식을 내부 반대에도 불구하고 서울이 아닌 부산에서 개최하는 등, 사회운동 세력 주류로부터 5월 투쟁에 대한 실질적인 정리 작업이 진행되었다.

하지만 선거 국면으로의 전환만으로 제1균열이 해소될 수는 없었으며, 마찬가지로 지도부의 전략적 오류만으로 5월 투쟁이 정리될 수는 없었다. 5월 투쟁이 강경대 사건으로 촉발되었던 것처럼 5월 투쟁의 소멸을 촉발했던 두 가지 사건의 개입이 있었다. 첫 번째가 유서 대필 사건이었으며, 두 번째가 외대 사건이었다. 이 사건들은 억압적 국가 장치들과, 제2균열의 소멸로 지배 세력 내부의 균열이 봉합되면서 통일성을 (재)획득한 이데올로기적 권력 장치들의 실천 효과였다.[31]

유서 대필 사건은 5월 8일 전민련 사회부장 김기설의 분신에 대한 법적·이데올로기적 공세로부터 야기되었다. 이미

---

31 알튀세르는 억압적 국가 장치와 이데올로기적 국가 장치를 구분했다. 「이데올로기와 이데올로기적 국가 장치」, 같은 책 참조. 이에 따르면 이데올로기적 국가 장치에는 학교, 교회, 매스미디어, 가족까지 포함되는데, 이것은 국가 장치 개념을 지나치게 확장한다는 비판을 받고 있다. 알튀세르의 이데올로기론의 쟁점들에 대한 비판적 소개로는 서규환, 「논술 이론과 국가 이론: 알튀세르 학파의 이데올로기론에 대한 비판을 위하여」, 『한국정치학회 월례발표회 논문집(IV)』, 한국정치학회, 1994 참조. 따라서 푸코의 미시권력론을 응용해 이데올로기적 국가 장치를 이데올로기적 권력 장치로 대체하는 것이 보다 유용할 것이다. 미셸 푸코, 『성의 역사 1권』, 이규현 외 옮김, 나남, 1990 참조.

1970년대 저항 시인이었던 김지하의 『조선일보』 기고문이 사회적 파장을 일으킨 상황에서,[32] 서강대 박홍 총장은 김기설의 분신 직후 기자회견을 자청해 "지금 우리 사회에는 죽음을 선동하는 어둠의 세력이 있다"라고 주장함으로써, 검찰이 분신 배후를 수사하는 결정적인 계기를 만들었다. 그 후 한동안 잠잠했던 이 사건은 노태우 정권이 내각 개편을 위한 수순 밟기에 들어가는 시점이었던 5월 18일, 검찰이 전민련 총무부장 강기훈을 유서 대필과 자살 방조 혐의로 지목함으로써 다시 부각되었고, 결정적인 증거가 없는 가운데 모든 언론이 이를 '사실'로 몰아가면서 사회운동 세력의 도덕성과 신뢰성은 치명적인 타격을 받았다. 전적으로 국립과학수사연구소의 필적 감정에 의존했던 검찰 발표는 조작극이라는 의혹 속에서[33] 필적 싸움과 유서 대필 논쟁을 야기했고, 이 과정에서 5월 투쟁의 쟁점들은 전환되기 시작했다. 제1균열의 일차적 전환이었다.

---

32 김지하, 「젊은 벗들! 역사에서 무엇을 배우는가」, 『조선일보』(1991/05/05), 3면.

33 안기부는 1990년 9월에도 '운동권 대학생이 노동 현장에 침투 분신 자살 등 극한투쟁을 꾀한다'는 내용의 만화책을 대량 제작해 각급 행정기관 민원실 등에 배포한 전례가 있었다. 『한겨레신문』(1991/05/10) 참조. 또한 당시 국립과학수사연구소 문서분석실장으로서 필적 감정을 담당했던 김형영은 1992년 5월 감정 과정에서 뇌물 수수 사실이 드러나 징역 2년을 선고받았으며, 1998년 2월에도 국유지 사취 사건에서 허위 감정죄로 또다시 구속되는 등 그의 감정 결과는 믿을 수 없는 것으로 드러났다. 「유서 대필의 진실」, 『한겨레 21』, 제199호(1998/03/29) 참조.

동시에 6월 3일 발생한 외대 사건은 제1균열의 이차적 전환이자 5월 투쟁이 선거 국면으로 해소되는 최종적 전환점이었다. 외대 사건은 정원식 국무총리 서리가 한국외국어대학의 마지막 수업에 출강하자 이를 뒤늦게 알게 된 분노한 학생들의 우발적인 달걀·밀가루 세례에서 비롯되었지만, 유서 대필 사건과 마찬가지로 모든 언론의 생생한 사건 전달과 반인륜적 행위라는 비난 속에서 학생운동 세력만이 아니라 사회운동 세력 전체의 도덕성이 매도되는 상황이 조성되었다. 정원식의 문교부장관 재직시 전교조 탄압에 분노했던 학생들에 의해 세종대(1990년 7월 10일)와 부산대(1990년 7월 25일)에서 유사한 사건이 발생한 사례가 있었기 때문에 고의적인 도발이 아니었느냐는 의혹이 제기되었지만,[34] 정국의 흐름을 역전시킬 수는 없었다. 오히려 이를 빌미로 교육부는 학원 안정 대책을 추진해 학원 통제를 강화하고 학생운동을 와해시키고자 했으며, 학생운동과 사회운동에 대한 대대적인 탄압이 본격화되었다. 강경대 사건이 등록금 인상 등 일련의 교육정책에 대한 반대 시위에서 비롯되었음을 상기한다면, 외대 사건은 역사의 아이러니라고 하지 않을 수 없다.

광역 의회 선거는 민자당의 압승으로 막을 내렸다. 이로써

---

34 『시사저널』(1991/06/20) 참조.

표 6 　 광역 의회 선거 결과

	민자당	신민당	민주당	민중당	기타
의석수	564	165	21	1	115
백분율(퍼센트)	65.1	19.1	2.4	0.1	13.3

노태우 정권은 광역 의회 선거를 통해 제1균열을 우회하는 데 성공했다. 58.9퍼센트라는 낮은 투표율을 감안하더라도, 5월 투쟁 직후의 민자당 압승은 일반의 예상을 뒤엎는 결과였다.

　　물론 광역 의회 선거에서도 호남·비호남이라는 지역주의 적 투표 경향이 나타났고, 따라서 그 결과에 대해서도 다양한 해석이 가능하겠지만, 5월 투쟁과 관련해서 본다면 민자당의 압승은 분명 5월 투쟁을 부정하는 의미를 갖는 것이었다.[35] 선 거 직후 실시된 한 여론조사에서는 민자당의 압승 이유를 시국 안정에 대한 기대(40.7퍼센트), 조직과 자금력(28.1퍼센트), 야 당 불신(16.4퍼센트) 순으로 들고 있다. 한편 신민당의 참패 이 유는 야권 성향 표의 분산(29.퍼센트), 국정을 맡길 만큼 미덥지 못해서(26.4퍼센트), 공천 잡음 및 후유증(13.9퍼센트) 등으로 나타났고, 민주당의 참패 이유는 정당의 방향성이 뚜렷하지 못 해서(28.1퍼센트), 국정을 맡길 만큼 미덥지 못해서(20.6퍼센

35 　 정대화, 같은 글, 271쪽 참조.

트), 조직과 자금력이 뒤져서(18.4퍼센트) 등으로 나타났다. 반면 무소속이 선전한 이유는 기존 정당에 대한 불신(40.4퍼센트), 새 정치에 대한 바람(27.9퍼센트) 등이었다.[36] 요컨대 민자당 지지는 야당에 대한 반대로서의 소극적 지지였으며,[37] 낮은 투표율과 무소속이 선전한 이유에서 보이듯 결국 유권자들이 제도 정치권 전체에 대한 불신을 드러낸 것이라고 볼 수 있다. 마찬가지로 사회운동 세력 주류에 의해 민자당 후보 낙선 운동이 전개되었음을 고려한다면, 이 같은 결과는 또한 야당의 비판적 지지 세력인 사회운동 세력 주류에 대한 반대의 의미를 갖는 것이었다. 다시 말해, 광역 의회 선거 결과는 5월 투쟁을 제2균열의 해결로 정리하려 했던 사회정치 세력들에 대한 대중의 부정에 다름 아니었다.

유서 대필 사건과 외대 사건을 계기로 대중투쟁의 동력을 상실한 명동성당 사수 투쟁은 사실상 고립된 상황이었다. 결국 광역 의회 선거가 끝난 6월 24일, 유서 대필 사건의 희생양인 강기훈은 진실을 밝히겠다며 자진 출두할 수밖에 없었고, 6월 29일 마지막 남은 지도부가 철수하면서 43일간의 명동성당 투쟁도 막을 내렸다.

36　박홍석, 「여론조사를 통해 본 광역 의회 선거」, 『사회평론』, 1991년 8월, 39-40쪽 참조.

37　최장집, 「한국 민주화의 실험」, 같은 책, 251쪽.

2. 대중, 민중, 계급, 시민

이제까지 살펴본 것처럼, 1991년 5월 투쟁의 전개 과정에 대해서는 기존 논의들에서 차별적인 해석이 거의 드러나지 않는다. 특히 이는 1991년 5월 투쟁을 1987년 6월항쟁과 비교하는 논점들에서 두드러진다. 그러나 1991년 5월 투쟁의 성격 규정에 대해서만큼은 다양한 해석들이 존재한다. 최장집은 노동자계급의 계급적 진출이 가속화된 "노동문제를 중심으로 한 계급적 이익과 분화에 바탕을" 두고 진행된 투쟁이었다고 평가하고 있으며, 이와 유사하게 김세균도 지배 세력과 민중 진영의 대립이었다고 언급하고 있다. 반면 정성진은 노동자계급의 지도력이 관철되지 못한 시민적 운동에 불과했다고 비판하고 있으며, 정대화는 "시민사회와 정치사회의 연대를 실현하지 못하고 시민사회만의 저항으로 전개"되었다고 보고 있다.[38] 즉, 1991년 5월 투쟁은 계급 운동, 민중운동, 시민운동, 시민사회의 저항 등으로 다양하게 규정되고 있는 것이다.

대중운동의 성격을 규정하는 방식은 여러 가지가 있을 수 있다. 첫 번째, 운동의 참여 구성원에 의거해 규정하는 방식이

---

38 최장집, 「한국 민주화의 실험」, 같은 책, 242-248쪽; 김세균, 「민주주의 이론과 한국 민주주의의 전망」, 『한국 민주주의의 현재적 과제』, 창작과비평, 1993, 32쪽; 정성진, 같은 글, 53-54쪽; 정대화, 같은 글, 285쪽.

다. 이에 따라 참여 구성원의 양적인 차원에서, 수적인 다수를 이루는 참여 계층·집단을 통해 그 운동의 성격을 규정할 수 있다. 하지만 앞에서 본 것처럼 1991년 5월 투쟁의 양적인 다수를 구성했던 참여 계층·집단을 확인할 수 있는 지표는 존재하지 않는다. 또한 기존 논의들의 주장과는 다르게, 조직화된 기층 민중의 참여도에 대한 평가들은 그것이 열악한 수준을 벗어나지 못하고 있었음을 보여 준다.[39]

두 번째 방식은 참여 구성원을 고려하지만 양적인 차원이라기보다는 운동의 실질적인 주도 세력 또는 헤게모니 세력으로 운동을 규정하는 것이다. 헤게모니 세력을 파악하는 방법은 우선 조직적 참여 세력과 비조직적 참여 세력을 구분하고 조직적 참여 세력의 조직력으로 헤게모니 세력을 규정하는 것이다. 이것은 조직적 세력이 비조직적 세력을 추동하고 지도한다는 전제에서 가능한 방법이다. 그러나 운동이 조직적 세력에 의해 추동된 것이 아니거나, 운동 과정에서 조직적 세력이 비조직적 세력을 지도하지 않았거나 못했다면 이런 방법을 사용할 수 없다. 헤게모니 세력을 파악하는 다른 방법은 운동이 내세운 목표, 강령, 슬로건을 검토하는 것이다. 하지만 운동 과정에서 통

---

39   물론 당시 가장 커다란 대중 동원력을 갖고 있었던 사회운동 조직은 전대협이었지만, 1991년 5월 투쟁을 '학생운동'으로 규정하지는 않는다.

일적인 목표, 강령, 슬로건이 존재하지 않았다면 이런 방법도 무용할 수밖에 없다. 1991년 5월 투쟁에서도 그 지도부였던 범국민대책회의의 명목적인 목표는 민주 정부 수립이었지만, 내부적으로 다양한 이견들을 통합해 내지는 못했으며, 실질적으로 다양한 투쟁 세력들을 지도하지 못했다. 이런 한계는 특히 광역 의회 선거에 대한 대응 과정에서 명백하게 드러났다.

운동의 성격을 규정하는 마지막 방법은 참여 구성원이나 헤게모니 세력과 무관하게 운동의 결과·효과를 가지고 규정하는 것이다. 이것은 운동의 참여 세력이나 목표에도 불구하고 운동이 사회 세력이 가진 힘의 역관계 내지 우연적 요소의 결합으로 말미암아 전혀 다른 효과를 초래할 수 있다는 점에서 유용할 수 있다. 그러나 이런 방법은 대중운동 이후의 단기적이거나 장기적인 효과를 통한 해석이라는 점에서 지극히 사후적인 평가로 귀착될 수 있는 한계가 있다. 하지만 기존 논의들이 이와 같은 방법을 적용해서 1991년 5월 투쟁의 성격을 규정하고 있는 것은 아니다.

이와 같이 대중운동의 성격을 규정하는 방법과 1991년 5월 투쟁에 대한 기존의 성격 규정을 대조해 보면, 1991년 5월 투쟁을 계급 운동, 민중운동, 시민운동, 시민사회의 저항 등으로 규정할 수 있는 명확한 논리적 근거는 사실상 존재하지 않는다. 그럼에도 불구하고 성격 규정에서 이런 차별성이 나타나는 이유는 각각의 주장들이 전제하는 사회 분석 방법론이 상이하기 때문이다. 사회 분석 방법론은 사회를 구성하고 있는 특정한 관계를 추상화해 이를 중심으로 사회를 이해하고 분석한다. 예컨대, 마르크스주의적 사회구성체론이 생산관계·계급 관계를 중심으로 사회를 파악한다면, 시민사회론은 법적·제도적 관계를 중심으로 사회를 이해한다. 사회 속에는 사회에 의해 구성되지만 또한 사회를 구성하면서 살아가는 사람들people이 있다. 사회구성체론은 이런 사람들을 계급이나 민중으로 개념화하고, 시민사회론은 시민으로 개념화한다. 이렇게 1991년 5월 투쟁의 성격을 규정하는 문제는 1991년 5월 투쟁의 대중을 어떻게 개념화해야 하는가라는 보다 근본적인 문제를 불러일으킨다.

하지만 계급, 민중, 시민 개념은 대중에 대한 제한적인 정의로 귀착될 수밖에 없다. 먼저 민중·계급 개념을 살펴보자.[40] 서구에서 민중popular은 라틴어 popularis(인민에 속하다)에서 유래하는 것으로, 본래부터 법적이고 정치적인 의미에서 전체 인민이나 보통 사람들을 가리키는 개념이었다. 한편 민중주의 populism는 민중의 이해와 가치를 대표한다는 의미에서 1892년 미국의 민중주의자들(인민의 당)에 의해 사용되기 시작했는

---

40 이하 정리는 김진하, 『민중론에 관한 실증적 접근』, 서강대 정치외교 석사 학위 논문, 1990; 최장집, 「한국 민주주의의 이론과 실천」, 『한국 민주주의의 이론』, 한길사, 1993; 이신행, 「70년대와 80년대의 민중 지향적 논의」, 김병익·정문길·정과리 엮음, 『오늘의 한국 지성, 그 흐름을 읽는다: 1975~1995』, 문학과 지성, 1995 참조.

데, 민중주의는 우익과 좌익의 동시적인 비판 속에서도 노동조직과의 급진적 동맹 관계를 유지하기 위해 노력했다.[41] 동양에서도 민중民衆은 중국 고대부터 쓰이던 용어로 지배자에 대한 상대적 개념이었다. 마찬가지로 1890년대 문헌에서 발견되는 한국에서의 민중은 백성, 인민, 대중, 국민 등과 동일한 의미를 가지면서 1920년대 이후 다수의 피지배층을 의미하는 개념으로 일반화되어 갔다.

한편 한국에서 민중론이 등장하는 것은 1970년대부터였는데, 이때 민중Minjung은 노동자, 농민, 도시 빈민 등 사회경제적 기층 집단을 중심으로 하면서도 스스로를 역사의 주체로서 자각하고 있다는 의식적 요소를 강조하는 개념이었으며, 1970년대 저항적 사회운동들의 정당성의 상징이었다. 하지만 1980년 5월 광주항쟁 이후 사회구성체 논쟁이 시작되면서 민중론을 마르크스주의적 계급론과 결합하려는 시도들이 나타나기 시작했는데, 이때 민중은 주로 노동계급을 중심으로 하는 계급 동맹의 대상으로 받아들여졌다. 요컨대 민중 규정에 대한 다양한 논쟁들에도 불구하고, 결국 민중론은 계급 동맹의 문제로 민중을 사고하는 경향으로 나아간다.

이렇게 계급 동맹을 중심으로 민중을 이해하는 경향은 고

---

41 레이먼드 윌리엄스, 『키워드』, 김성기·유리 옮김, 민음사, 2010, 236-238쪽 참조.

전적 마르크스주의로부터 유래하는 것이다. 고전적 마르크스주의의 대중 개념을 라비카는 이렇게 요약하고 있다.

대중들은 임노동자와 자본에 의한 피착취자 전체, 특히 덜 조직화되고 덜 훈련된, 더 억압받지만 조직화에 무감한 사람들을 의미한다. …… 요컨대 대중들 또는 '거대한 대중들'은, 부르주아계급을 제외하고 사회조직의 구성원 전체를 의미한다. 특히 '인민 대중들'masses populaires은, 레닌도 언급했지만, 프롤레타리아트, 반半프롤레타리아트, 소농민, 다시 말해서 '거대한 인민 대다수', 즉 계급을 나타낸다. …… 그러나 모든 경우에, 대중들은 '노동자'를 포함하면서, 하나의 계급, 즉 프롤레타리아트를 둘러싸고 있지만 그것을 벗어나는 것으로 사고된다. 여기서 프롤레타리아트는, 자신의 위치에 대한 인식의 소지자로서, 수적인 불명확성과의 단절(전위 또는 핵심), 사회의 불투명성과의 단절(계급의식)을 표현한다. 따라서 계급-프롤레타리아트는 대중들 속에서 진정한 임무를 발견한다. 계급은 대중들을 조직화하고 훈련시켜야 한다. …… 노동조합은 "하나의 장치appareil로서, 이것을 통해서 당은 계급과 대중을 밀접하게 결합시킨다." 그리고 프롤레타리아독재를 행사하는 시기와 마찬가지로 혁명을 준비하는 시기 동안에도, 계급과 대중들 사이에 '적절한 관계'를 보증하는 것은 바로 당이다.[42]

요컨대 고전적 마르크스주의의 대중과 한국에서의 민중은

계급 동맹의 문제 설정 속에서 동일한 의미로 규정되고 있는 것이다.

이 때문에 '전위 조직-노동자계급-대중'이라는 도식이 도입되는 것은 필연적이다. 가장 의식적이고 조직적인 당이나 전선이 있고, 그 다음 대중의 핵심인 노동자계급이 있으며, 그 다음에 덜 의식적이고 덜 조직적인 대중이 있다. 이에 따르면 민중은 계급과 동맹 관계를 맺고 있을 때만, 또는 전위 조직에 의해 조직화되었을 때만 진정으로 봉기적일 수 있다는 논리가 만들어진다.

그러나 이런 논리에는 혼동이 존재한다. 계급이 있고, 계급과 구별되는 대중이 있는 것은 아니기 때문이다. 오히려 대중이 경향적으로 계급으로 구성되어 간다고 말하는 것이 정확하다. 이와 같은 입장은 마르크스 자신의 언급에서도 나타난다.

프롤레타리아트는 다양한 발전 단계를 경과한다. …… 노동자들은 전국에 걸쳐서 산재해 있는, 그리고 경쟁에 의해 분열되어 있는 대중을 이룬다. …… 공업의 발전과 더불어 프롤레타리아트는 단지 수적으로만 증가하는 것이 아니다; 프롤레타리아트는 더 커

---

42 Georges Labica, "masses," Georges Labica·Gérard Bensussan(éd), *Dictionnaire Critique du Marxisme*, PUF, 1982 참조.

다란 대중으로 집결되며, 그 세력이 증대하고, 자신의 힘을 점점 더 자각하게 된다. …… 개별 노동자와 개별 부르주아 사이의 충돌들은 점점 더 두 계급의 충돌이라는 성격을 띤다. …… 그들의 투쟁들의 진정한 성과는 직접적인 전과戰果가 아니라 노동자들의 더욱더 확대되는 단결이다. 노동자들의 단결은 대공업에 의해 만들어지는, 서로 다른 지방의 노동자들 상호간에 연계를 맺어 주는 교통 수단의 증대에 의해 촉진된다.[43]

즉, '프롤레타리아=계급'이 아니다. '프롤레타리아=대중'이며, 대중으로서의 프롤레타리아는 "다양한 발전 단계를 경과"하면서 계급으로 구성되어 간다.[44] 더구나 계급 형성 과정은 중층 결정되는 다양한 실천들의 효과이기 때문에 필연적인 계급 형성이란 존재하지 않는다. 계급은 형성될 수도 있으며, 그렇지 않을 수도 있고, 심지어 이미 형성된 계급이 해체될 수도 있다. 그렇다면 계급과 대중의 동맹 관계란 불가능한 난문難文일 뿐이며, 계급 동맹의 문제 설정은 전위 조직에 의한 조직화

---

43 「공산주의당 선언」, 『칼 맑스 프리드리히 엥겔스 저작 선집 1권』, 최인호 옮김, 박종철출판사, 408-409쪽.

44 유사한 맥락에서 쉐보르스키는 '계급은 계급에 관한 투쟁의 결과'라고 말한다. 아담 쉐보르스키, 「계급으로서의 프롤레타리아: 계급 형성의 과정」, 『자본주의와 사회민주주의』, 최형익 옮김, 백산서당, 1995 참조.

라는 의미만을 특권화시킬 것이다.

그러므로 1991년 5월 투쟁을 계급 운동으로 규정하기 위해서는 '한국에서의 노동자계급의 형성'이라는 독자적인 연구가 필요할 것이며, 1991년 5월에 노동자계급이 존재했다는 사실이 논증되어야 할 것이다. 물론 노동자계급은 노동자 계층·집단을 가리키는 말로서 수사학적인 의미로 사용될 수는 있지만, 이 경우 계급 개념은 형해화되고 만다. 계급이란 생산관계만으로 결정되는 것이 아니라, 개인들이 계급적 정체성을 획득해 스스로를 계급으로 표상하고, 계급이라는 이름으로 집단성을 구성하는 것을 의미하기 때문이다.[45] 민중 개념도 이와 동일하다. 개인들이 스스로를 민중으로 정체화하지 않고, 민중이라는 이름으로 집단성을 구성하고 있지 않다면, 민중 개념은 경제결정론이라는 비판을 면하기 어렵다. 1991년 5월 투쟁의 대중이 스스로를 민중으로 정체화하고 있지 않았다면, 민중운동이라는 규정은 경제결정론적 해석이 될 것이다.

민중·계급 개념과는 다르지만, 시민사회론에 기반하는 시민 개념도 대중에 대한 제한적인 정의로 귀착될 수밖에 없는 한계를 가진다.[46] 시민(라틴어 civis)은 본래 고대 도시국가(희랍어

---

45 서관모, 「맑스주의 계급 이론의 현재성」, 『이론』, 1992 여름 창간호 참조.

46 이하 정리는 김세균, 「'시민사회론'이 이데올로기적 함의 비판」, 『이론 2호』, 1991 여름; 배동인 「시민사회의 개념: 사상사적 접근」, 『한국의 국가와 시민사회』, 한울, 1992; 양

polis, 라틴어 civitas)의 자유민으로서 출생 신분에 따라 부여되는 정치적 결정권의 담지자였으며, 근대 초기 유럽에서의 시민 (또는 私人; bourgeois)은 도시에 거주하는 유산계급으로서 부르주아를 의미했지만, 근대국가가 형성된 이후부터 시민(또는 公民; citizen·citoyen)은 법적인 권리와 의무를 지닌 사회 구성원 전체를 가리키는 개념으로 변화했다.[47] 따라서 현대적 시민citizen·citoyen은 국가 시민Staatsbürgerschaft, 즉 국가 구성원으로서의 시민(또는 국민國民)이라고 할 수 있다.

한편 시민사회(희랍어 politike koinonia, 라틴어 societas civilis)는 본래적 의미에서 국가state와 동의어였는데, 현재적 의미에서는 다양한 논쟁들에도 불구하고 부르주아 사회bourgeois society·bürgerliche Gesellschaft가 아니라 시민사회civil society·Zivilgesellschaft로 보는 것이 타당하다. 즉, 현대적 시민 규정에 의거해, 법적·제도적으로 공적 영역으로서의 (제도)정치사회 또는 정당 체계와 구별되는, 법적인 의무와 권리로서의 시민권을 가진 개인들 또는 조직들의 사적 영역으로 이해해야 한다.[48]

승태, 「공공성과 상업성의 사이에서: 무존재적 존재의 자유주의적 시민사회 개념의 비판적 극복을 위한 예비적 연구」, 『한국의 국가와 시민사회』, 한울, 1992; 만프레드 리델, 「시민사회의 개념과 역사적 기원」, 『마르크스주의의 위기와 포스트 마르크스주의 II』, 의암출판, 1992 참조.

[47] 반면 독일어 Bürger는 부르주아와 시민citizen·citoyen의 의미를 포괄하는 개념이다.

[48] 이것은 그람시의 시민사회와 동일하다. 『옥중수고 II』, 21쪽.

주지하듯이 봉건적 생산양식에서 근대 자본주의적 생산양식으로의 이행은 신민을 해체하고 시민을 생산했다. 마르크스는 생산양식에 대한 분석을 통해 시민을 법적 주체와 경제적 주체라는 관점에서 설명하고 있다. 우선 시민은 법적 주체인데, 자본주의적 생산양식은 이중적 자유(신분적 구속으로부터의 자유, 생산수단으로부터의 자유)를 창출하는 역사적 과정(자본의 원시적 축적)을 통해 법적으로 자유롭고 평등한 주체를 만들어 낸다. 이 법적 주체는, 봉건주의적 생산양식이 최종 생산물을 착취하는 형태였고, 이 때문에 경제외적 강제가 필수적이었던 반면, 자본주의적 생산양식에서는 생산과정 내부에서 착취가 발생하고, 따라서 경제외적 강제가 불필요해지는 지배·착취 양식의 변화에 조응하는 형태이다.[49] 마르크스는 적대적 이해관계의 대립이 존재하는 한 이 같은 정치적 해방은 인간의 해방이 될 수 없으며, 자유롭고 평등한 법적 주체란 계급 적대를 은폐하는 허구이자 환상이라고 비판한다.[50] 동시에 법적 주체는 자유롭고 평등하게 상품을 판매하고 구매한다는 경제적 주체라는 표상과 연결된다. 생산과정에서 증식된 잉여가치는 상품과 화폐의 교환과 유통을 매개로 실현되며, 따라서 경제활동의 주체들

---

49 카를 마르크스, 『자본론 3권』(하), 김수행 옮김, 비봉출판사, 1990, 972-973쪽.

50 카를 마르크스, 「유태인 문제에 대하여」, 『마르크스의 초기 저작』, 전태국 옮김, 열음사, 1996; 박호성, 『평등론』, 창작과비평, 1994 참조.

은 교환과 유통의 영역인 시장에서 자유롭고 평등한 관계로 정립돼야만 한다. 이 경우에도 마르크스는 생산과정 내부의 계급 적대가 존속하는 한 경제적 주체는 환상일 뿐이라고 비판한다. 오히려 교환과 유통은 상품 형태를 물신화·신비화해 자본주의의 적대적인 계급 관계를 "개인들이 자기들의 작업에서 맺는 직접적인 사회적 관계로서가 아니라, 실제로 눈에 보이는 바와 같이 물건을 통한 개인들 사이의 관계로 그리고 물건들 사이의 사회적 관계로"[51] 은폐하는 물신성을 야기한다. 경제적 주체는 상품의 물신성에 속박된 주체 형태에 지나지 않는다. 요컨대 마르크스는 법적 주체와 경제적 주체에 대한 비판을 통해 시민이 주권적 주체(라틴어 subjectum, 독일어 Subjekt)가 아니라 예속적 주체(라틴어 subjectus, 독일어 Unteran)에 불과하다고 주장하고 있는 것이다.[52]

이와 같이, 시민 개념은 법적·제도적 관계만을 강조하기 때문에 법적·제도적 관계의 이면에 있는 적대적 관계를 사고할 수 없는 인식론적 장애물을 구축한다. 물론 사회 구성원의 일정한 소수가 시민의 영역으로부터 배제될 경우, 시민-비非시민의 관계로부터 발생하는 배제와 불평등을 포착할 수는 있지만, 사

---

51 『자본론 1권』(상), 92-93쪽.

52 윤소영, 『알튀세르를 위한 강의』, 공감, 1996, 29-30쪽 참조.

회 구성원 다수 또는 전체가 시민의 영역으로 포섭된 경우에도 존재하는 보편적 적대들(계급, 민족, 인종, 성 등)은 오히려 자유와 평등을 전제하는 시민 개념에 의해서 엄폐될 수밖에 없다.[53]

그러나 동시에 시민이 근대 자본주의의 지배적인 주체 형태라는 것을 간과해서는 안 된다. 근대국가는 중앙집권화를 통해 영토의 경계를 설정하면서 시장의 통합과 인구의 표준화(보통선거권을 핵심으로 하는 법적 동등성의 부여 및 언어의 표준화)를 이루고, 이데올로기적 권력 장치들의 다양한 전략적 실천을 통해 민족이라는 상상된 공동체를 구성했다.[54] 그리고 이런 과정

---

53 이와 달리 발리바르는 시민 개념을 재해석한다. 도식화하자면, 그는 시민권의 급진적 해석(인권과 시민권의 동일성)에 근거해, 정치에 대한 보편적 권리로서의 인권을 (특정한 소유 양식과 공동체 형태를 매개로 하여) 시민권으로 (계속해서) 제도화해야 한다는 전략을 제시하는데, 이것은 시민성civility을 (제도적 차원을 뛰어넘어 차라리 이데올로기적인 차원에서) 무한히 확장함으로써 가능해지고, 이 과정에서 보편적 적대들이 (점진적으로) 해결될 수 있다는 것이다. 발리바르는 오히려 시민 개념과 보편적 적대들이 어떻게 동시적으로 사고될 수 있는지를 실험하고 있는 듯하다. 에티엔 발리바르, 「인간의 권리와 시민의 권리: 평등과 자유의 근대적 변증법」, 『맑스주의의 역사』; 서관모, 「시민성 개념의 새로운 구축을 위하여: 에티엔 발리바르의 '인권의 정치'의 문제설정」, 『경제와 사회』, 1996 가을 참조.

54 Ephraim Nimni, "The Great Failure, Marxist Theory of Nationalism," *Capital and Class*, No. 25., 1985; 베네딕트 앤더슨, 『상상된 공동체: 민족주의의 기원과 보급에 대한 고찰』, 서지원 옮김, 길, 2018 참조. 발리바르는 민족이 언어공동체와 인종 공동체를 접합시키는 이데올로기적 장치들의 인위적인 구성물로서 생산된 허구적 종족성 ethnicité fictive이라고 설명한다. 에티엔 발리바르, 「민족 형태: 역사와 이데올로기」, 『이론』 6호, 1993 가을 참조.

속에서 개인들은 스스로를 민족 공동체의 구성원으로서, 민족 국가의 시민으로서 정체성을 내면화하게 된다. 한국에서도 보통선거권을 매개로 하는 시민 주체의 구성은 민족국가의 형성 과정과 그 맥락을 같이 한다.[55] 하지만 분단 조건과 종속적 자본주의 발전, (제도)정치사회의 미성숙은 시민 주체로부터 특정 계층(노동자, 농민, 빈민 등)의 현실적인 분리·배제로 나타났으며, 그에 따라 시민 주체가 지배적인 형태로 작동되기 시작한 것은 이 계층들이 일정하게 시민권을 획득해 시민의 영역으로 포섭되는 1987년 6월항쟁 이후였다.

그렇다면 1991년 5월 투쟁의 대중은 우선 시민으로서의 정체성을 획득해 가는 과정에 있었다고 볼 수 있다. 대중은 민족이자 시민이었다. 이런 맥락에서 보면, 1991년 5월 투쟁을 계급 운동이나 민중운동으로 규정하기보다는 시민운동으로 규정하는 것이 더 설득력이 있다. 하지만 이런 규정도 시민 내부의 적대, 차이, 분할을 인식하지 못한다는 점에서 한계적일 수밖에 없다. 즉, 시민운동이라는 규정으로는 1991년 5월 투쟁에서 나타난 복합적인 균열 지점과 경합적인 다양한 정치사회 세력들의 갈등과 투쟁을 파악할 수 없는 것이다. 물론 1991년 5

---

55 최장집, 「한국의 자본주의 발전과 민주주의」, 『한국 민주주의의 조건과 전망』, 나남, 1996 참조.

월 투쟁은 민족이나 시민을 대체할 수 있는 대안적인 공동체를 만들어 내지 못하고 실패했지만, 민족이나 시민으로 포괄할 수 없는 다양한 전략적 흐름들이 존재하고 있었다(3장 1절 참조).[56]

물론 이상의 논의에도 불구하고, 민중, 계급, 시민 개념의 한계를 극복하기 위해서는 사회구성체론이나 시민사회론을 탈피할 수 있는 새로운 사회 분석 방법론이 필요하다.[57] 여기서는 다만 대중 개념의 재발견이라는 문제틀problématique을 중심으로, 1991년 5월 투쟁의 객관적 해석에 다가갈 수 있는 밑그림을 그려 보고자 한다.

56 포스와 라킨은 사회운동이 대안적 공동체를 만들어 낼 수 있을 때 최고의 상태에 도달했다고 본다. 임현진, 「사회운동의 역학 구조: 자연사를 통한 이론화」, 다니엘 포스·랄프 라킨, 『혁명을 넘어서: 사회운동의 변증법』, 나남, 1991, 274쪽 참조. 1980년 5월 광주항쟁 과정에서 절대 공동체가 등장했다는 연구에 대해서는 최정운, 「폭력과 사랑의 변증법: 5·18민중항쟁과 절대 공동체의 등장」, 『세계화 시대의 인권과 사회운동: 5·18 광주 민주화 운동의 재조명』, 나남, 1998 참조.

57 이런 시도 중의 하나가 현대 프랑스 철학을 경유해 생산양식과 주체화 양식의 접합으로 나타나고 있지만 아직까지는 문제 제기 차원에 머물고 있다. 윤소영, 『마르크스주의의 전화와 '인권의 정치'』, 문화과학사, 1995; 이진경, 『맑스주의와 근대성』, 문화과학사, 1998 참조. 이에 대한 간략한 비평으로는 이원영, 「'일반화된 맑스주의·역사적 자본주의 분석'의 신자유주의 비판에 대한 검토」, 『서강대학원신문』 통권 50호(1998/04/28) 참조.

3. 대중운동: 대중의 내재적 경향

통상적으로 동일하게 대중으로 번역되지만, 영어에서 mass와 masses의 구별은 오랜 역사를 가지고 있다.[58] 단어 mass는 본래 희랍어 mâza(반죽덩어리), 라틴어 massa(무더기, 카오스)에서 유래하는 개념으로 '틀을 형성하거나 주조할 수 있는 물질체'를 의미했지만, 15세기 이후 '무정형적이고 구별되지 않는 것'이면서 동시에 '밀집한 집합체'라는 의미로 폭넓게 사용되기 시작했다. 하지만 17~18세기, 특히 프랑스혁명을 거치면서 mass는 masses라는 용어로 분화되었고, 두 단어는 대립적인 정치적 경향에 따라 상이한 의미로 수용되었다.

우선 지배 세력의 시선에서 masses는 부정적인 대상이었다. 지배 세력에게 masses는 공개적인 정치적 경멸과 공포의 대상이었던 multitude라는 개념의 대체물에 불과했던 것이다. 16~17세기 multitude는 다수many-headed와 같이 불분명한 거대한 숫자라는 함의를 가지면서 천민이나 하층민을 지칭하는 용어였으며, 18세기부터는 폭도mob와 같이 일반적인 조건에서의 군중crowd과 비교할 때 특별히 다루기 힘든 군중을 지칭하

---

58 이하의 논의는 레이먼드 윌리엄스, 『키워드』, 김성기·유리 옮김, 민음사, 2010, 291-299쪽 참조. 그럼에도 불구하고 mass와 masses의 실제 용법은 명확히 구별되지 않는다.

는 개념으로 사용되고 있었다. 따라서 지배 세력에게 multi-tude에 연결되는 masses는 특별히 다루기 힘든 군중이었고, 반면 mass는 일반적 조건에서 다루기 쉬운 군중이었다. 이와 반대로 지배 세력에 대립적인 정치적 세력에게 masses는 오히려 긍정적인 개념이었다. masses로 분화되기 이전에 mass가 가지고 있었던 '구별되지 않는 것'이라는 의미는 '파편화를 극복하는 통일성의 획득'이라는 의미로 변형되었으며, '밀집한 집합체'라는 의미는 '연대'solidarity와 유사한 의미로, 즉 함께 행동할 때 효과적으로 사회적 조건을 변화시킬 수 있다는 의미로 발전했다. 따라서 혁명적·비판적 전통 속에서 masses는 능동적이고 긍정적인 사회 세력을 의미했고, 반대로 mass는 수동적이고 파편화된 사회적 행위의 객체를 지칭하는 용어였다. 이렇게 mass와 masses가 구별되는 개념의 역사는 그 대립적인 양면성을 특징적으로 보여 준다.

개념의 구별은 단순한 단어의 구별이 아니다. 개념의 구별은 개념의 대상이 다르다는 것을 의미한다. 즉, mass가 가리키는 대상과 masses가 가리키는 대상은 전혀 다른 대상이다. mass가 지배 세력에 의해 지배되고 통치되는 파편화된 대중이라면, masses는 지배 세력에 의해 지배되고 통치되기를 거부하는 통일성을 획득한 대중이다. mass는 기존의 사회적 질서에 종속돼 있는 수동적 대중이지만, masses는 기존의 사회적 질서에 저항하는 능동적 대중이다. 다시 말해서 mass는 사회적 질서에

따라 구성되고 또 사회적 질서를 구성하는 대중이지만, masses
는 사회적 질서를 해체하고 재구성하는 대중이다. 요컨대 대중
은 구성적이지만 동시에 봉기적이다. 그러므로 mass가 구성성
constitution이 우위에 있는 대중이라면, masses는 봉기성이 우
위에 있는 대중이라고 할 수 있다.[59]

　　비록 대중의 구성성과 봉기성을 개념화하지는 않았지만,
이와 동일한 문제의식을 전개했던 논의들이 전혀 부재했던 것
은 아니다. 우선 르 봉을 비판하는 르페브르가 있다.[60] 르 봉은
프랑스혁명의 군중행동을 군중에 대한 리더의 최면술과 리더에
대한 군중의 최면 상태에서의 복종으로 설명한다. 법질서를 준
수하는 시민이 비합리적·감정적·폭력적인 군중으로 변화하는
것은 최면 효과라는 일종의 질병에 전염되어 동물과 같은 상태
가 되기 때문이라는 것이다.[61]

　　르페브르는 르 봉의 전염론이 군중의 독자성을 개인 심리
의 문제로 환원한다고 비판하면서 군중으로 통칭되는 집단을
세 가지 수준으로 구별한다. 첫째, 단순한 집합체 또는 순수 상

59　'구성과 봉기'의 문제의식에 대해서는 Etienne Balibar, "Preface," *Masses, Classes,*
Ideas, Routledge, 1994 참조.

60　조르주 르페브르, 『혁명적 군중』, 김기실 옮김, 한그루, 1983; 시바따 미찌오, 『근대세
계와 민중운동』, 이광주·이은호 옮김, 한벗, 1984, 28-33쪽 참조.

61　김영정, 「집합행동의 유형과 경향」, 『집합행동과 사회변동』, 현암사, 1988 참조.

태의 군중, 둘째, 반半의식적 집합체, 셋째, 결집체. 여기서 결집체가 의식성과 조직성에 기반을 둔 집합체라면, 순수 상태의 군중으로부터 형성되는 반의식적 집합체는 결집체의 전제가 된다. 이것을 설명하는 핵심 개념이 집합 심성이다. 즉, 결집체는 개개인의 자율적인 의식에서 나오는 사상이나 감정에 의한 집결이 아니라, 서로 간의 심적 상호작용에 의해 이미 형성돼 있는 집합 심성에 의한 집결이다. 르페브르는 혁명적 운동의 사회적·정치적·경제적 원인과 그 결과 사이에 집합 심성이라는 요소가 작용하고 있으며, 집합 심성의 존재 양식에 따라 단순한 집합체와 결집체 사이에는 무수한 반의식적 집합체가 존재한다고 본다. 이때 집합 심성이란 우선 일상생활에서 개개인이 연결되는 과정을 통해 형성되는 의식의 배후로 밀려나 있는 무의식이다. 이런 점에서 반의식적 집합체는 사실상 무의식적 집합체라고 할 수 있다.

어떤 집단이 자각적으로 형성된 경우에도, 그것에 참여한 자들은 그 시각부터 개개인이 분산된 때와 같은 방식으로 사고하고 행동하는 것이 아니라는 것, 또 집합 심성의 형성에는 일상생활에 있어서 개개인을 연결시키는 역할을 수행하고 있을지도 모를 집합체, 다소라도 무의식적인 집합체까지 고려에 넣어야 할 필요가 있다는 것이다.[62]

르페브르는 무의식을 형성시키는 일상생활을 도시 공간의 형태로부터 농촌과 공장에서의 작업 조건, 공동체적 마을 축제까지 폭넓게 검토한다. 그리고 이렇게 형성된 무의식은 외적 사건과 같은 어떤 계기가 작용하면, 의식의 전면에서 강력한 연대 의식으로 나타나게 된다고 말한다.

> 집합체의 멤버에 있어서는 그때까지의 집합 심성을 구성하고 있던 여러 가지 요소가 단순히 의식의 배후로 밀려난 것에 불과하기 때문에, 그 어떤 외적 사건이 그 요소들을 의식의 전면으로 다시 환기시키기만 하면, 일거에 강력한 연대 의식을 회복할 수 있다.[63]

요컨대 르페브르의 논의에 따르면, 대중의 봉기성이 나타나게 되는 핵심적인 요소는 연대 의식의 기초가 되는, 일상생활로부터 형성되는 무의식적 집합 심성이며, 이때 집합 심성은 일상생활, 더 정확하게 일상생활에서의 상호 교통을 통해 형성되는 대중에 내재돼 있는 요소라고 할 수 있다.

이와 유사하게, 대중의 봉기성에 주목하는 사람이 로자 룩셈부르크이다. 로자는 대중의 내재적 요소로서 집합 심성 대신

---

62 조르주 르페브르, 같은 책, 25쪽.

63 조르주 르페브르, 같은 책, 38쪽.

에 자발성을 말한다.[64] 로자는 1905년 러시아혁명을 대중 파업 massenstreik의 사례로 제시하면서 대중 파업을 의식성과 조직성이 아니라 대중의 자발성에 기초한 객관적이고 필연적인 역사적 투쟁 형태라고 규정한다.

> 대중 파업은, 러시아혁명에서 나타났듯이, 프롤레타리아 투쟁의
> 효과를 높이려고 머리에서 쥐어짜 낸 교묘한 방법이 아니라 프롤
> 레타리아 대중의 운동 방식이며, 혁명 과정에서 프롤레타리아 투
> 쟁의 현상 형태이다(53).

따라서 객관적이고 필연적인 대중 파업은 인위적으로 만들어지거나 멋대로 결정되고 선전될 수 있는 일회적이고 고립적인 투쟁 수단이 아니라 "계급투쟁의 모든 시기를 아우르는 총체적인 개념"(53)이며, 준비된 계획이나 조직된 행동으로 나타나는 것이 아니라 "완전히 우연적이었으며 심지어 사소하기까지 했으며 초보적인 모습으로 터져 나온다"(26).

---

64 로자 룩셈부르크, 『대중 파업론』, 최규진 옮김, 풀무질, 1995 참조. 이하 이 책에서의 인용은 괄호 안에 쪽수로 표시한다. 한편 자생성을 지칭하는 독일어 Spontaneität는 후기 라틴어 spons(충동, 자유의지)에서 파생된 용어로서, 일상적인 용법으로는 숙고 없이 또는 의식의 지도 없이 본능적·자연적으로 일어나는 사고방식이나 행동 방식을 의미한다. 한국 철학사상연구회 편, 「자연발생성」, 『철학대사전』, 동녘, 1989, 1107쪽 참조.

그 파업들은 대부분 자연발생적으로 일어났고, 모두가 특수하고 지역적이며 우연한 원인에서 비롯했으며, 어떠한 계획도 없이 뜻하지 않게 일어났다. 또한 저절로 거대한 운동으로 성장했으며, 그러고 나서는 질서 있는 후퇴를 한 것이 아니라 오히려 때로는 경제투쟁이나 시가전으로 전화했으며 때로는 저절로 무너져 내렸다(54).

그러므로 대중 파업이 "추상적이고 도식적인 대중 파업을 이야기할 수 없을 정도로 아주 다양한 투쟁 형태"(23)로서 나타나고, "대중 파업의 적용 가능성, 대중 파업의 효과, 대중 파업을 일으키는 요인들은 끊임없이 변화"(52)하는 것은 오히려 당연할 것이다.

이와 같이 로자의 대중 파업은 통상적인 파업의 의미와는 상당히 다르다. 오히려 대중 파업은 우연에 의해 촉발되는 대중의 자발적인 봉기로서 대중운동에 상응하는 개념이라는 것을 알 수 있다. 마찬가지로 대중 파업은 프롤레타리아 계급만의 파업이 아니다. 로자는 "직접적인 대중투쟁을 벌이려면 프롤레타리아트가 먼저 하나의 대중으로 결집되어야만"(84)하며, "하나의 대중 파업 또는 여러 대중 파업들과 대중투쟁이 성공할 수 있으려면, 그것은 진정한 인민 대중의 운동이 되어야 한다"(77)라고 말한다. 즉, 로자가 프롤레타리아를 말할 때도 그것은 계급으로서의 프롤레타리아라기보다는 대중으로서의 프롤레타리아인 것이다.

대중운동으로서의 대중 파업에서 핵심적인 요소는 자발성
이다.

자발성의 요소는 추동력으로서, 또는 억제할 수 없는 영향력으로
서 모든 러시아 대중 파업에서 빠짐없이 커다란 역할을 했다. 그
러나 이것은 러시아에서 사회민주주의가 아직 어리고 약했기 때
문이 아니라, 오히려 투쟁의 모든 행동 하나하나에서 수없이 중요
한 경제적인, 정치적이고 사회적인, 일반적이고 지역적인, 물질적
이고 심리적인 여러 요소들이 서로 반작용해 어느 한 행동도 수학
문제처럼 조정되고 해결될 수 없었기 때문이다(62).

다시 말해서 의식성과 조직성은 대중 파업에서 하나의 요
소로서 작용하고 또 그만큼의 중요성을 갖지만, 그보다 더 커다
란 역할을 하는 것은 자발성이다.[65] 자발성은 규율과 훈련에 대
비되는 "정서와 상태"(78)이며, 의식에 대비되는 본능과 감정
(79)이다. 자발성은 "초보적인 에네르기"(80)로서 "대중의 의
지"(109)이다.[66] 그러나 자발성은 주관적인 것이 아니다. "대중

---

65   그러므로 로자가 대중에 대한 지도·통솔의 문제를 간과했던 것은 아니다. "그녀는 자
발적이라는 것을 결코 대중운동이 아무런 지도·통솔을 필요로 하지 않는다는 식으로 이해
하지는 않았다." 박호성, 「왜 다시 로자 룩셈부르크인가」, 『노동운동과 민족운동』, 역사비
평사, 1994, 160쪽 참조.

파업을 논의하는 주관적 평가가 아니라, 역사적 필연성이라는 관점에서 대중 파업의 원인을 논의하는 객관적 탐구를 통해서 대중 파업 문제를 논의하거나 이해할 수 있다"(19) 따라서 자발성은 대중 파업과 마찬가지로 객관적이고 필연적인 것이다. 자발성이 형성되고 폭발적으로 분출되는 것은 "대중 파업 그 자체나 대중 파업의 기술적인 세부 항목에 있는 것이 아니라 혁명의 정치적·사회적 힘 관계"(53)에 있기 때문이다. 즉, 자발성은 정치적·사회적 힘 관계에 기초한다는 의미에서 객관적이고 필연적이다. 이 자발성은 "부르주아 의회주의 입헌 국가가 들어선 뒤에는 상당히 약해지거나 은폐되고 잠재된 상태"(79)로 존재하지만, "계급사회의 사회적 기반과 벽이 흔들거려 끊임없는 교란 상태에 빠져드는 혁명적 시기에는 프롤레타리아트의 정치적 계급 행동이 단 몇 시간 안에 지금까지 무감각하게 남아 있던 노동자계급의 모든 부문을 수동적인 상태에서 벗어나게"(60) 하며, 이론적이고 잠재적이었던 계급의식까지 실천적이고 능동적인 성격으로 바꿔 놓는다.

---

66 그람시도 자발성을 이와 유사하게 규정한다. "여기서 '자발적'이라 함은, 그 생각이 의식적 지도 집단의 일부에 의해 수행된 어떤 체계적 교육 활동의 결과로서 형성된 것이 아니라 상식, 즉 전통적이고 대중적인 세계 개념 ― 이것 또한 저급하고 초보적인 역사적 획득물이지만, 편의상 '본능'이라 불리기도 한다 ― 에 따른 일상의 경험을 통해 형성되었다는 의미이다." 『옥중수고 I』, 205쪽.

요컨대 로자 역시 르페브르와 마찬가지로 대중의 봉기성이 나타나는 과정을 대중의 내재적인 요소를 통해 분석하면서 그것을 자발성이라는 개념으로 포착하고 있는 것이다. 다만 르페브르의 집합 심성이 일상생활을 통해 형성되는 잠재적인 무의식이라면, 로자의 자발성은 정치적·사회적 힘 관계, 또는 계급적인 적대 관계를 통해 형성되는 잠재적인 정서, 본능, 의지, 에네르기이다. 하지만 자발성이 주관적인 것이 아니라 객관적·필연적인 것이고 의식의 차원과 대비되는 것이라면, 자발성 또한 무의식이라고 말할 수 있으며, 집합 심성이 연대 의식의 기초로서 군중의 잠재적인 힘이라면, 자발성 또한 대중 파업의 기초가 되는 대중의 잠재적인 힘이라고 말할 수 있을 것이다.[67] 다시 말해서 르페브르와 로자는 대중의 잠재적인 힘을 일상생활이나 정치적·사회적 힘 관계처럼 구성적 대중을 구성하는 사회적 관계로부터 설명하고 있는 것이다. 물론 대중의 잠재적인 힘이 능동적인 힘으로 표면화하는 촉발점으로서 우연적인 사건·계기를 상정한다는 점에서는 르페브르와 로자가 직접적으로 동일하다.

이렇게 대중의 봉기성이 나타나는 과정을 사회적 관계에서 비롯하는 대중의 내재적 요소를 통해 분석하고, 그것을 대중의 무의식적이고 잠재적인 힘, 우연에 의해 촉발되는 필연적인 힘

---

67 이진경, 「로자 룩셈부르크의 '탈근대적' 정치철학」, 『문화과학』, 1995 봄 참조.

으로 이해하려는 작업은 스피노자에게서도 발견된다. 스피노자의 중심 개념은 대중multitude의 역량이다. 여기서 역량(라틴어 potentia, 불어 puissance, 독일어 Macht·Vermögen, 이탈리아어 potenza)이란 대중을 지배하고 통제하려는 권력(라틴어 potestas, 불어 pouvoir, 독일어 Gewalt, 이탈리아어 potere)에 대립하는, 대중 자체에 내재적인 생산과 생성의 힘을 의미한다.[68]

스피노자는 존재의 본질을 자신의 존재를 보존하고자 하는 노력·욕구·경향conatus으로 규정하면서 존재를 보존하는 데 기여할 수 있는 최고선을 탐구하고자 한다.[69] 여기서 최고선이란 슬픔에서 기쁨으로, 수동성에서 능동성으로, 노예의 삶에서 자유의 삶으로 이행할 수 있는 목적이자 수단이다. 따라서 최고선이란 최고의 기쁨을 지속적으로 누릴 수 있는 능동적이고 자유로운 새로운 삶의 방식이라고 할 수 있다.

스피노자는 새로운 삶의 방식의 가능성을 역량에서 발견한

---

68 권력과 역량을 구별하는 용어법에 대해서는 마이클 하트, 「영역자 서문: 권력의 해부」, 안토니오 네그리, 『야만적 별종: 스피노자에 있어서 권력과 역량에 관한 연구』, 윤수종 옮김, 푸른숲, 1997, 37쪽; 에티엔 발리바르, 『마르크스의 철학, 마르크스의 정치』, 윤소영 옮김, 문화과학사, 1995, 190쪽 참조.

69 스피노자에 대한 간략한 소개로는 강영안, 「스피노자: 자기 보존을 위한 철학」, 『철학과 현실』, 1993 가을; 「스피노자의 <신 또는 자연>」, 『서강인문논총』 제4집, 1994 참조. 스피노자 『윤리학』의 구성과 내용에 대해서는 피에르 마슈레, 「스피노자, 『윤리학』의 개요」, 윤소영 옮김, 『알튀세르의 현재성』, 공감, 1996 참조.

다. 우선, 스피노자에게 역량이란 존재가 스스로를 보존할 수 있는 능력 또는 힘이다. 다시 말해서 존재는 역량이 있기 때문에 존재할 수 있는 것이다. "존재할 수 없는 것은 역량의 결여이고, 존재할 수 있는 것은 역량이다."[70] 스피노자는 존재와 역량을 동일시한다. 둘째, 그러나 현실 속에서 존재의 역량은 제약되어 있다. 능동적이고 자유롭게 역량을 발휘하지 못하는 이유는 정념passion에 의해 지배되어 수동적인 삶을 살기 때문이며, 동시에 슬픈 정념을 기쁜 정념으로 전화시킬 수 있는 공통 관념 notions communes과 적합한 관념notions adéquates을 획득하지 못했기 때문이다. 공통 관념과 적합한 관념은 "관념의 질서와 결합은 사물의 질서와 결합과 동일하다"[71]는 기본 원리를 전제로 하는 사물의 원인과 본질에 대한 인식으로서, 스피노자는 적합한 인식에 기반할 때 "자신의 존재를 보존하고자 하는 노력·욕구·경향"이 육체와 정신의 역량을 증대시킬 수 있다고 한다. 셋째, 따라서 스피노자는 능동적이고 자유로운 새로운 삶의 방식에 이르기 위해서는, 공통 관념과 적합한 관념을 획득해 슬픈 정념을 기쁜 정념으로 전화시킴으로써 역량을 회복하고 증대시켜야 한다고 말하고 있다.[72] 이상의 해석에서 핵심이 되는 것은

---

70 스피노자, 『에티카』, 강영계 옮김, 서광사, 1991, 25쪽(번역은 수정).

71 스피노자, 같은 책, 73쪽.

72 이상의 해석에 대해서는 에티엔 발리바르, 「스피노자, 정치와 교통」, 윤소영 옮김, 『알

정념과 적합한 인식과의 관계이다.

사물들을 ('원인들에 의해') 적합하게 인식할 때라도 우리가 정서로부터 절단되는 것은 아니고, 반대로 우리는 그것을 '기쁜 정념들'의 방향으로 전화하는 것이다. 역으로 '정신적 동요'와 내부적 갈등에 의해 특징지어지는 정념들의 생활이 모든 인식의 부재와 조응한다고 믿는 것도 전적으로 잘못일 것이다. …… 다만 가장 약한 형태로, 외부적 사물들이 우리에게 생산하는 효과들, 우리가 그 앞에서 상대적으로 역량의 결여를 감각하는 효과들에 따라 그 사물들을 상상하는 형태로 인식하는 것이다.[73]

스피노자는 인식의 수준 또는 장르를 세 가지로 구별하는데, 제1수준이 경험이나 기호(언어)에 의해 사물로부터 부여되는 상상적인 표상이라면, 제2수준은 이성을 통해 사물의 본질과 원인을 인식하는 공통 관념과 적합한 관념이며, 제3수준은 직관을 통해 신 즉 자연을 직접적으로 인식하는 "신 즉 자연에 대한 지적 사랑"에 이르는 인식이다.[74] 이때 정념이 제1수준의 인식에 조응한다면, 적합한 인식은 제2수준과 제3수준에 조응

튀세르의 현재성』, 공감, 1996, 158-165쪽 참조.

73 에티엔 발리바르, 같은 책, 163-164쪽.

74 스피노자, 같은 책, 108-109쪽 참조.

한다. 제1수준과 제2수준·제3수준은 서로 대립적인 인식이지만, 스피노자는 제1수준과 제2수준·제3수준을 결코 단절적인 것으로 보지는 않는다. 오히려 제1수준에서 제3수준에 이르는 인식의 수준·장르는 상호 복합적으로 작용한다. 마찬가지로 정념과 적합한 관념도 상호 복합적으로 존재하기 때문에, 정념으로부터의 탈출은 불가능하고, 따라서 문제는 슬픈 정념을 기쁜 정념으로 전화시키는 방식으로 집약된다. 즉, "현실 속에서 모든 인간들은 상상 작용과 동시에 이성 속에서 생활한다. …… 따라서 모든 정치의 근본적 문제 — 그리고 이미 정치적 제도, 국가의 보존의 원인들이라는 문제 — 는 상상 작용과 이성이 결합되는 방식, 상상 작용과 이성이 사회성에 기여하는 방식을 알아내는 것이다."[75]

따라서 스피노자는 단지 삶vita에 대한 윤리학을 제시하는

---

75 에티엔 발리바르, 같은 책, 165쪽. 이와 같이 스피노자를 정념과 이성의 변증법으로 해석하는 입장은 이미 알튀세르의 이데올로기론에서 나타난다. 루이 알튀세르, 「스피노자에 대하여」, 『마키아벨리의 고독』, 김민석 옮김, 새길, 1992 참조. 알튀세르와 스피노자의 관계에 대해서는 Warren Montag, "Spinoza and Althusser against Hermeneutics: Interpretation or Intervention?," E. Ann Kaplan and M. Sprinker(ed), *The Althusserian Legacy*, Verso, 1993 참조. 한편 스피노자에서의 역량의 문제를 최초로 제기했던 들뢰즈는 스피노자를 '정념으로부터의 탈출'로 해석한다는 점에서 차별적이다. 들뢰즈의 스피노자 해석에 대해서는 질 들뢰즈, 『스피노자의 철학』, 박기순 옮김, 민음사, 2001 참조; 마이클 하트, 『들뢰즈의 철학 사상』, 이성민 옮김, 갈무리, 1996, 129-220쪽 참조.

데 머무는 것이 아니라 현실 속에서 역량이 허용되고 증대될 수 있는 정치적 조건을 동시에 사고하고자 한다.[76] 스피노자는 정치 공동체를 분석하면서 본질과 동일시되었던 역량을 이제 자연권으로서의 권리와 동일시하는 것에서 출발한다.

> 나는 자연의 권리를 모든 일이 일어날 때에 따르는 자연의 법칙이나 규칙, 즉 자연의 힘으로 이해한다. 그러므로 자연 전체의 권리는, 그리고 필연적으로 모든 개체의 자연적 권리는 그 힘이 미치는 데까지 확장된다. 그러므로 모든 사람은 자기 본성의 법칙을 따라서 행하고, 자연의 최고 권리를 가지고 행하며, 그가 힘으로써 할 수 있는 만큼의 권리를 자연에 대해 가진다.[77]

즉, 권리는 역량과 동일하고 따라서 역량만큼의 권리가 존재한다. 그러나 여기에서도 정념이 문제가 된다. 정념은 필연적으로 동요와 갈등을 유발하기 때문이다. 따라서 스피노자는 정념에 의해 지배되는 자연 상태로부터 벗어나서 자유를 확보하기 위해서는 자연권 또는 역량의 일부를 국가에 양도해 국가 상

---

76 스피노자의 『정치론』에 대한 간략한 소개로는 강영안, 「스피노자의 '정치론': 이론 구성에서의 경험의 역할」, 『사회철학대계 1: 고전적 사회철학사상』, 민음사, 1993; 프레데릭 코플스톤, 「스피노자 5」, 『합리론』, 김성호 옮김, 서광사, 1998, 407-419쪽 참조.

77 베네딕투스 데 스피노자, 『정치론』, 공진성 옮김, 길, 2020, 63쪽.

태(또는 시민 상태status civilis)로 이행해야 할 필요성을 제기한다. 하지만 스피노자는 권리와 역량의 양도를 홉스와 같은 계약론으로 이해하지는 않는다. 홉스도 스피노자와 유사하게, 모든 존재는 존재하고자 하는 노력·욕구·경향에 기초해 끊임없이 운동한다는 원칙에서 출발하지만, 자연 상태를 '만인의 만인에 대한 투쟁'으로 파악하기 때문에, 파멸을 막기 위해서는 이성을 수단으로 하여 계약을 체결하고 시민사회로 이행해야 한다는 결론을 내린다. 즉, 이성을 통해 정념을 지배하고 통제해야 한다는 것이다. 따라서 홉스에게 자연권은 의무를 전제로 하는 법적 권리로 재정립돼야만 하는 것으로 이해된다. 하지만 국가 상태의 필요성에 대한 스피노자의 문제 제기는 계약론과는 다른 방식으로 전개된다.

첫째, 스피노자는 권리와 역량의 완전한 양도가 아니라 그 일부의 양도임을 명백히 한다. 따라서 국가 상태 속에서도 양도되지 않는 자연권과 역량은 여전히 남아 있다. 둘째, 스피노자는 법적·제도적 질서를 통해 정념을 지배하고 통제해야 한다는 것에 의문을 제기한다. 정념이 인간의 본질을 구성한다면 그것을 완전히 지배하거나 이성의 영역으로부터 배제한다는 것은 불가능하기 때문이다. 따라서 법적·제도적 질서는 슬픈 정념을 기쁜 정념으로 전화시키는 방식으로 계속해서 재구성되어야만 한다. 셋째, 이상의 논점은 스피노자가 부각시키는 안전이라는 또 다른 문제와 직결된다. 스피노자는 군주제, 귀족제, 민주제를 차례로 분석하면서 최선의 정치체는 자유가 확보되는 상태이면서 동시에 국가의 안전을 구성할 수 있는 정치체지만, 대중의 역량과 권리로 인해 국가의 안전은 지속적인 위협에 직면할 수밖에 없다고 한다. 따라서 국가의 안전이 유지되기 위해서는 대중의 능동적인 역량과 권리에 조응하는 방식으로 정치체가 조직되어야 하며, 결국 국가의 구성은 대중의 역량과 권리에 의해 결정돼야 한다고 주장한다.[78]

다중[multitudo]의 힘에 의해 정의되는 이 권리는 대개 주권이라고 불린다. 그리고 이 권리를 절대적으로 보유한 자가 공동의 합의에 따라 공적인 일을 돌본다. 즉, 법률을 제정하고, 해석하고, 폐지하며, 성곽을 쌓아 도시를 방어하고, 전쟁과 평화에 대해 결정하는 등의 직무를 맡는다. 만약 이 직무가 평범한 다중으로 구성되는 회의체에 속한다면, 이때 주권은 민주정이라고 불린다. 그러나 만약 이 회의체가 일정 수의 선발된 사람들로 구성된다면 귀족정이라고 불린다. 마지막으로 만약 공적인 일의 처리와, 그러므로 주권이 한 사람의 손에 맡겨져 있으면 군주정이라고 불린다.[79]

---

78 이상의 해석에 대해서는 에티엔 발리바르, 「스피노자, 정치와 교통」, 같은 책, 170-181쪽; 에티엔 발리바르, 「스피노자, 반오웰: 대중들의 공포」, 『스피노자와 정치』, 진태원 옮김, 이제이북스, 2005.

79 베네딕투스 데 스피노자, 『정치론』, 공진성 옮김, 길, 2020, 83쪽.

그러므로 스피노자에게 계약이라는 관념은 배제될 수밖에 없다. 계약이란 현실적으로 불가능하며, 오직 역량과 권리에 기초하는 공동 합의(공동 결정)을 통한 국가의 계속적인 재구성 과정이 있을 뿐이다. 마찬가지로 스피노자가 말하는 대중은 홉스가 상정하는 사회계약에 동의하고 그것을 이행하는 개인들의 집합이 아니다. 대중은 계약에 복종할 의무가 없으며, 오직 역량만큼의 권리를 가지고 국가를 구성하거나 위험에 빠뜨린다. 스피노자는 국가 구성에서 개인을 전제하지 않고 직접적으로 대중을 이야기한다.

> 만약 두 사람이 함께 모여 힘을 합친다면, 두 사람이 각각 혼자일 때보다 더 많은 일을 함께 할 수 있으며, 그에 따라 자연에 대해 더 많은 권리를 함께 가진다. 더 많은 관계들이 이렇게 힘을 합칠수록 그만큼 더 많은 권리를 모두가 함께 가진다. …… 자연 상태에서 각 사람은 다른 사람에 의해 압제되지 않고 자기를 지킬 수 있는 동안 자기 권리 아래 있으므로, 그리고 한 사람이 혼자서는 모든 사람으로부터 자기를 지키려고 노력해 봐야 헛되므로 여기에서 다음과 같은 결론이 도출된다. 인간의 자연적 권리는 각 사람의 힘에 의해 결정되고 각 사람의 것인 동안에는 아무것도 아니며, 실제로 확립되기보다 생각만으로 구성된다. 그것을 지킬 수 있다는 보장이 전혀 없기 때문이다.[80]

다시 말해서 역량과 권리는 집단적일 때 더 많은 역량과 권리로 나타난다. 더구나 개별적인 역량과 권리는 현실적으로 존재하지 않는 공상에 불과하다. 여기서 대중에 대한 논의는 다시 인식의 세 가지 수준·장르의 구별과 연결된다. 대중은 정념의 존재이면서 동시에 이성의 존재이다. 마찬가지로 대중은 인식의 제1수준에서 상상적인 형태로 사물을 인식하지만 동시에 인식의 제2수준에서 공통 관념과 적합한 관념을 통해 현실을 인식한다. 하지만 슬픈 정념을 기쁜 정념으로 전화하거나 역량을 증대하기 위해서는 공통 관념과 적합한 관념을 더 많이 획득해야 한다. 여기서 특히 핵심이 되는 것은 공통 관념이다. 공통 관념의 형성은 집단적인 상호 교통의 결과이기 때문이다. 따라서 스피노자에 따르면, 대중의 역량을 증대하기 위해서는 말과 사고의 자유, 지식과 정보의 자유로운 유통, 자유로운 논쟁과 토론을 보장하는 것이 무엇보다 중요해진다.[81]

---

80 베네딕투스 데 스피노자, 『정치론』, 공진성 옮김, 길, 2020, 77-79쪽.

81 이런 맥락에서 발리바르는 스피노자를 교통 양식의 사상이라고 규정한다. 에티엔 발리바르, 「스피노자, 반오웰: 대중들의 공포」, 같은 책 참조. 반면에 들뢰즈의 해석을 따르는 네그리는 스피노자를 변증법에 반대하는 구성하는 존재론constituent ontology으로 이해한다. 권력이 변증법적인 정·반·합의 운동을 통해 역량을 지배하고 통제하고자 한다면, 역량은 지배와 통제를 벗어나서 스스로를 정립하고 구성함으로써 자율성을 확장하려 한다는 것이다. 이런 맥락에서 네그리는 탈주, 노동 거부, 자기 가치화 전략을 제시하고 있다. Paolo Virno and Michael Hardt ed., *Radical Thought in Italy*, University of

이와 같이 스피노자는 윤리학(생활)과 정치학(권력의 구성과 해체)을 결합시키면서, 정념과 이성의 관계, 권력과 역량의 관계를 중심에 두고서, 역량을 확장하기 위한 대중의 집단성을 어떻게 구성할 것인가 하는 문제를 제기하고, 권력에 한계를 부여하는 대중의 역량이라는 관점에서 국가의 구성·해체를 사고한다. 그것은 자유와 해방을 얻기 위한 생활양식의 문제, 동시에 자유와 안전을 획득하기 위한 정치(또는 교통) 양식의 문제를 해결하려는 노력이었다. 스피노자는 대중을 구성하는 내재적 요소로서 역량에 주목하고, 역량을 조직하는 사회적 관계의 한 수준·장르로서 공통 관념과 교통 관계를 제시함으로써, 대중의 봉기에 의해 국가가 구성되고 해체되는 과정을 분석한다고 말할 수 있다.

요컨대, 스피노자에게도 르페브르나 로자와 마찬가지로 대

Minnesota Press, 1996, pp. 1-10, 261-264 참조. 또 발리바르가 스피노자의 권리 개념에 주목하고 '의무 없는 권리'(법적일 수 없는 권리)를 제도화하는 법적 질서의 민주화를 과제로 설정한다면, 네그리는 계약론과의 단절을 강조하면서 스피노자를 법적 질서를 거부하는 반反법률주의로 해석한다. 네그리의 스피노자 해석에 대해서는 안토니오 네그리, 『야만적 별종: 스피노자에 있어서 권력과 역량에 관한 연구』, 푸른숲, 1997 참조. 네그리의 반법률주의는 "프롤레타리아 법이란 존재하지 않는다. 그러므로 공산주의로의 이행에서 적대에 기초를 두고 있는 법은 소멸할 것이다. 법률국가는 더 이상 불가능하다"라고 보는 혁명론과도 연결되고 있다. 안토니오 네그리, 『맑스를 넘어선 맑스』, 윤수종 옮김, 새길, 1994, 367쪽 참조.

중의 내재적인 요소를 통해서 대중의 봉기성을 이해하려는 문제의식을 발견할 수 있는 것이다. 하지만 대중의 내재적 요소는 결코 대중 자체의 초역사적인 본질이 아니다. 역사와 사회를 떠난 대중의 본질이란 존재하지 않는다. 대중은 초역사적인 주체 Subject가 아니라 사회적 존재 형태다.[82] 이 때문에 르페브르는 집합 심성을 형성하는 일상생활을, 로자는 자발성을 형성하는 정치적·사회적 관계를, 스피노자는 역량을 증대시키는 교통 관계를 강조하고 있는 것이다.

이제 이상의 문제틀을 따라 1991년 5월이라는 시공간 속에서 대중의 봉기성이 폭발적으로 나타났다가 급작스럽게 다시 잦아들었던 이유와 조건을 규명해 보고자 한다.

---

82 Louis Althusser, "Reply to John Lewis," *Essays in Self-Criticism*, NLB, 1976 참조.

3장

대중과 폭력

1991년 5월 투쟁 속에서 사람들은 갈등과 대립을 어떻게 인식·해석하고 있었으며, 또 그것을 어떻게 해결하고자 했는가? 다시 말해서 1991년 5월 투쟁을 만들어 낸 대중의 자발성과 역량, 그 집합 심성과 공통 관념은 무엇이었는가? 대중의 봉기성이 폭발적으로 나타났던, 또한 그것이 급격하게 소멸했던 이유와 조건은 무엇이었는가? 물론 1991년 5월 투쟁에 참여했던 개인적인 동기들은 헤아릴 수 없이 다양할 것이며, 현재 시점에서 그 모든 것을 밝혀낸다는 것은 불가능하다. 하지만 '죽음-분신-집회·시위'로 이어졌던 일련의 상황들은, 우발적 사건들과 결합된 '죽음과 폭력'이 대중 속에서 빚어낸 효과들을 재구성할 수 있는 실마리를 제공한다.

1. 1991년 5월 투쟁의 담론

(1) 죽음과 폭력: 4월 26일~5월 4일

1991년 5월 투쟁에는 수많은 죽음이 있었다. 백골단이라는 공권력에 의한 강경대의 죽음이 있었고, 그 죽음에 대한 저항적 대응으로서 박승희의 분신이 있었다. 그리고 이 두 사건은 5월 투쟁을 촉발하는 직접적인 계기가 되었다. 그러나 죽음은 그전에도 있었다. 한국은 산업재해 발생률 세계 1위로 '산업재해 왕국', '직업병 박물관'으로 불려 왔으며, 특히 1991년에 발생한 원진레이온의 직업병 집단 발병 사태는 그 심각성을 상징적으로 보여 주었다.[1]

원진레이온에서 1981년 국내 최초로 이황화탄소 중독자가 발견된 이후, 1988년에 비로소 진상 조사와 보상 요구 투쟁이 벌어졌지만 작업 조건은 개선되지 않았고, 결국 1991년 1월 5일 김봉환이 직업병 증상에 시달리다 사망해 '원진레이온 직업병 사망 사건 대책위원회'가 구성되었으며 사회적 문제로 부

---

[1] 전국노동조합협의회 백서발간위원회, 『전국노동조합협의회 1991 백서 3: 죽음으로 사수한다! 전노협』, 274-284쪽 참조. 원진레이온은 1993년 정부에 의해 강제 폐업되었다. 폐업 당시 200여 명에 불과했던 직업병 환자는 1997년 689명에 이르렀고 이 가운데 24명이 사망했다. 건강사회를 위한 치과의사회, 『건치신문』(1997/05/05), 제45호 참조.

각되었다. 또한 강경대 사건 직전에도, 원진레이온 퇴직 노동자 권경용이 이황화탄소에 중독되어 근육 마비와 정신분열증으로 5년간 투병하다 4월 12일 자살했으나 뒤늦게 발견되는 사건이 발생하기도 했다. 권경용은 유서를 통해 "사망신고를 미뤄 산재 급여를 계속 받으라"라는 유언을 남겼다.

그래 그거다 그래 사망신고를 아빠 나이 90세 되거던 하여라 그래야 휴업 급료를 탈 수 있다. 그때까지 타면 많이 탈 꺼다 그래 괜찮다 아빠가 병에 몇 년 시달리다 병 때문에 죽기 때문에 떳떳하다 아빠가 원진레이온에 다니다가 병이 났다 그래 마음적으로 원진하고 싸우고 노동부하고 싸우고 싸워라 그러면 90세까지 휴업 급료 타는 데 아무런 꺼리낌이 없을 것이다 그리고 뭐 할 건 할아버지한테 물어보고 하여라.[2]

1987년 6월항쟁 이후 한국 사회의 민주화는 모든 사람들에게 회피할 수 없는 과제로 받아들여지고 있었다. 민주화는 사회운동 세력의 언어였지만 동시에 지배 세력의 언어이기도 했다. 하지만 언어와 현실의 거리는 멀고 깊었다. 현실은 변화하고 있었지만 동시에 변화하지 않는 현실도 있었다. 그리고

---

2 『조선일보』(1991/04/26), 23면 참조.

1991년의 죽음들은 변화하지 않는 현실을 가장 직접적으로 적나라하게 드러내는 상징이었다. 반면에 법을 바꿔서 현실을 개선하는 길은 보통 사람들의 사회적 합의로 정착하지 못한 부정적 방법에 불과했다. 1991년 당시 진행되었던 '한국의 폭력 문제'에 대한 국민 의식 조사는 대학생과 일반인들이 공권력의 폭력을 심각하게 받아들이고 있으며, 법에 대한 불신감과 소외감이 상당히 널리 퍼져 있고 법을 이용해 자신의 권익을 보호할 수 없다고 생각하는 등 법에 대한 신뢰에 문제가 있다는 것을 보여 주고 있다.[3] 당시 법과 법적 장치들은 대중에 대한 폭력으로 인식되고 있었던 것이다.

따라서 강경대 사건에 대처하는 지배 세력의 주요 과제는 '사건의 진상'을 철저하게 수사해야 한다는 것이었다. 노재봉 국무총리는 "유사 사건이 재발되지 않도록 제반 조치를 강구하는 외에 사건 진상 규명을 위한 철저한 수사도 아울러 진행하겠다"고 했으며, 실제로 사건 관련 진압 전경들이 즉각적으로 구속되었다. 그러나 강경대 사건을 바라보는 정치사회 세력들의 해석과 의미 계열은 전혀 달랐다.[4]

---

3   『한겨레신문』(1991/04/27), 13면.
4   사고accident는 사물의 상태가 시공간적으로 유효화한 것이며, 사건event은 어떤 사물의 상태나 사실을 다른 상태나 사실에 연관 짓는 의미 생산의 담론적 계열série과 관련된다. 사고·사실은 계열화mis en série됨으로써 사건이 되고, 상이한 계열화에 따라 동일한 사

사건 직후 노태우 대통령은 청와대 대변인을 통해 "경찰에 의해 시위 학생이 희생되는 일이 재발되어서는 안 된다고 강조했으며, 민주화가 이뤄진 상황에서 화염병과 돌멩이가 난무하는 대학가의 불법-폭력 시위도 이제는 사라져야 할 것"이라고 말했다. 반면 신민당은 "이번 사건은 노 정권이 공안 통치를 강화하는 과정에서 필연적으로 일어날 수밖에 없는 사건"이라고 했으며, 민주당도 "이번 사건은 5공 망령의 부활로 제2의 이한열 사건"이라고 규정했고, 민중당 역시 "이번 사건은 반국민적이고 폭압적 공안 통치의 산물"이라고 했다.[5] 범국민대책회의의 성격 규정은 한걸음 더 나아가고 있다.

① 노태우 군사독재 정권의 민중에 대한 전쟁 선포 이후 지속된 공안 통치의 필연적 결과이다. ② 정권 교체기를 앞두고 예상되는 정치 세력 재편에 있어 군사독재 정권의 민족·민주 운동 세력에 대한 전면적 탄압의 과정에서 발생한 사건이다. ③ 6공화국 내부의 부정·비리가 전면적으로 드러나고 정치·경제 전반에 걸쳐 민

고·사실이 다른 사건이 될 수 있다. 따라서 사건의 의미와 특징을 이해하기 위해서는 사건을 특정하게 배치하는 계열화와 계열화가 만들어지는 조건들을 분석해야 한다. 이진경, 「들뢰즈: '사건의 철학'과 역사유물론」, 서울사회과학연구소 편, 『탈주의 공간을 위하여』, 푸른숲, 1997 참조.

5 『조선일보』(1991/04/28), 1면.

중의 기본권과 생존권이 전면적으로 위협받고 있는, 즉 군사독재 정권의 구조적 모순이 폭발하는 상황에서 발생한 사건이다.[6]

반면에, 노태우 정권에게 강경대 사건은 궁극적으로 불법 폭력 시위에서 비롯한 것으로, 이에 대한 일부 전경들의 감정적인 과잉 진압에 의해 발생한 우발적 사건이었다. 노태우 대통령의 간접적인 사과도 이런 인식과 맥을 같이 하고 있다.[7]

강 군 사건은 매우 가슴 아픈 일로, 유가족에게 심심한 애도의 뜻을 표하며, 국민에게 슬픔과 고통을 안겨 준 데 대해 송구스럽게 생각한다는 점을 다시 한 번 밝힌다. 우리나라의 미래를 짊어질 젊은이들인 학생과 전경이 서로 충돌하는 오늘의 현실에 통탄을 금할 수 없다. 건전한 시위 문화 창조에 국민들 모두가 노력해야 할 때라고 생각한다. 공권력의 과잉 행사가 재발돼서는 안 되겠지만, 등록금 인상 등 학내 문제로 화염병 투척과 같은 불법과 폭력이 난무해서도 안 된다. 지난날 권위주의 시대에는 국민들 간에 학생 시위를 민주화 운동이라는 시각으로 이해한 적도 있으나 지금은 정치 상황과 국민 인식이 그 당시와는 근본적으로 다르다.

---

6 범국민대책회의 상황실,「고 강경대 열사 폭력 살인을 계기로 노 정권에 대한 범국민적 투쟁의 확산에 따른 대책 회의의 대응 방안」,『새로운 시작 민중 연대를 위하여』, 23쪽.

7 『조선일보』(1991/05/03), 1면.

같은 세대의 젊은이들이 화염병과 최루탄으로 공방을 벌이는 악순환이 더 이상 재연되지 않도록 의식의 전환이 필요하다.

반면 야당과 사회운동 세력에게 강경대 사건은 공안 통치의 필연적인 결과였다. 더구나 사회운동 세력은 강경대 사건을 생존권이 위협받는 구조적 모순의 산물로 바라보면서 노태우 정권을 군사독재 정권으로 규정하고, 1987년 6월항쟁 이후의 민주화 과정을 부정했다.[8] 1991년은 노태우 정권에게 민주화가 이루어진 상황이었지만 사회운동 세력에게는 여전히 군사독재 상황이었다.

그러나 현실은 복합적이었다. 1991년은 민주화와 거리가 있었지만, 5공화국과 동일한 상황은 아니었고, 죽음이 전달하는 상징적 이미지에도 불구하고, 죽음과 투쟁 중에서 어느 하나를 택해야 하는 극한의 갈림길은 아니었다. 강경대 사건 이후 최초로 분신했던 박승희의 유서는 이런 양면성에 대한 깊은 고뇌를 보여 준다.

정권 타도에 함께 힘썼으면 하는 마음에 과감히 떠납니다. 불감증

---

8 강민조도 아들의 죽음을 독재 정권과의 투쟁으로 받아들였다. "경대가 독재 정권과 싸우다 죽은 만큼 아들의 뜻을 이어 독재 정권을 뿌리 뽑기 위해 끝까지 싸우겠다." 『조선일보』(1991/04/30), 31면.

시대라고 하는 지금 명지대 학우에게 슬픔과 연민을 가지다 다시 제자리로 안주해 커피나 콜라를 마시는 2만 학우가 되지 않기를 바라는 마음입니다.[9]

그리고 분신은 계속되었다. 분신을 선택했던 사람들의 의식적 동기나 무의식적 심리 상태를 재구성한다는 것은 불가능하지만, 그들의 유서는 대부분 자신의 희생을 통해 투쟁이 보다 강하게 확대되기를 염원했다.

김영균　강경대 학우가 백골단의 쇠파이프에 맞아 죽고 강 열사의 죽음에 항의하던 여학생이 있었습니다. 민주 세력을 탄압하는 노 정권을 타도하는 그날까지 싸워 나갑시다.

천세용　학우들이 쇠파이프에 맞아 죽고 꽃다운 청춘을 불사르는 동안 우리는 과연 무엇을 했습니까. …… 슬픔과 분노를 떨쳐 일어나 힘차게 투쟁합시다.

김기설　아프게 살아가는 이 땅의 민중을 위해 무엇을 해야 할까 하는 고민 끝에 자살키로 결심했다. …… 민자당은 해체하고 노 정권은 퇴진해야 한다.

9　『조선일보』(1991/04/30), 31면.

윤용하   지금 많은 열사들의 죽음과 분신을 현 정권은 운동권 학생들에게 그 책임을 전가시키려 하고 있다. …… 현 정권은 퇴진하라.

이정순   나를 국가와 민족을 위해 자랑스런 자녀에게 바칩니다. 백골단 해체 군사독재 물러가라.

정상순   승희 양과 철수 열사 등의 뒤를 이어 젊음을 불태우렵니다.

그러나 이와 무관하게 분신에 대한 해석도 다양하게 나타났다. 가장 부정적인 해석은 김지하에 의한 것이었다. 일련의 문학 활동과 그로 인한 투옥으로 1970년대 민주화 투쟁의 상징이었던 김지하의 부정적 발언은 그 자체로 상당한 사회적 파문을 일으켰다.

젊은 벗들! 나는 너스레를 좋아하지 않는다. 잘라 말하겠다. 지금 곧 죽음의 찬미를 중지하라. …… 지금 당신들 주변에는 검은 유령이 배회하고 있다. 그 유령의 이름을 분명히 말한다. 네크로필리아, 시체 선호증이다. 싹쓸이 충동, 자살 특공대, 테러리즘과 파시즘의 시작이다. …… 자살은 전염한다. 당신들은 지금 전염을 부채질하고 있다. 열사 호칭과 대규모 장례식으로 연약한 영혼에 대해 끊임없이 죽음을 유혹하는 암시를 보내고 있다. 생명 말살에 환각적 명성들을 씌워 주고 있다. 컴컴하고 기괴한 심리적 원형이

난무한다. 삶의 행진이 아니라 죽음의 행진이 시작되고 있다.[10]

　김지하는 일련의 분신들에 "죽음의 찬미", "시체 선호증", "싹쓸이 충동", "자살 특공대", "테러리즘과 파시즘", "전염", "환각적 명성"에 의한 죽음의 "유혹", "죽음의 행진" 등 가장 극단적인 용어들을 각인시키고자 했다. 이런 발언은 박홍 서강대 총장에 의해 "죽음을 선동하는 어둠의 세력이 있다"라는 주장으로 이어졌고, 이후 '분신 배후설'과 '유서 대필 사건'이 만들어지는 결정적인 밑거름이 되었다.

　지배 세력이 분신을 해석하는 시각은 기본적으로 '민주화가 된 상황'이라는 전제에 기반을 두고 있었다. 노태우 대통령은 언론사 사회 부장들과의 오찬에서 "사회 민주화가 6공화국만큼 보장된 적이 전에는 없기 때문에 분신 대학생들을 열사 등으로 호칭할 수 없"다고 했으며,[11] 『조선일보』의 한 사설도 이와 동일한 해석을 제시했다.

　상식적으로 생각할 때 자살은 절망적 상황에서 이루어지는 하나의 선택이다. 그러나 과연 오늘의 상황이 그처럼 절망적인 것인가는

---

10 『조선일보』(1991/05/05), 3면.

11 『한겨레신문』(1991/05/07), 3면

누구도 동의하지 않을 것이며, 오히려 우리의 정치-경제적 여건은 분명히 암울했던 80년대에 비해 현저히 나아지고 있다고 봐야 옳을 것이다. 사회변혁을 노리는 사람들이 지금을 절망적인 상황으로 인식한다면 아마도 그것은 더 이상 자신들이 꿈꾸어 오고 추진해 온 이데올로기가 우리 사회에서 발을 붙이기 어렵고 국민적 공감도 얻기가 어렵게 된 상황 변환에 기인한다고 볼 수 있겠다.[12]

이와 같이 지배 세력의 담론은 강경대 사건을 우발적 사건으로 해석했던 것처럼, 분신을 특정 집단이나 개인의 문제로 치부했다. 반면 사회운동 세력에게 6공화국은 군사독재 정권이었고, 분신은 특정 집단이나 개인의 문제가 아니라 사회 전체의 문제였다. 이런 맥락에서 분신은 '자살'이 아니라 '타살'이었다.

김지하는 지금 세상을 두 눈이 아닌 한 눈으로 보고 있다. 왼쪽 눈을 가리고, 그야말로 일목요연하게, 그것도 강 건너에서 맞는 자가 저항하는 장면만을 보고 방어의 폭력성을 경고하고 있는 것이다. 왜 본질을 감추는가? 먼저 학생이 쇠파이프로 맞아 죽었다. 그에 대한 항의를 폭력이 막았고, 분노한 저항자가 분신까지 했다면 이는 타살이다. 이를 놓고 '그리도 경박스럽게 목숨을 버렸'느냐

---

12 『조선일보』(1991/05/05), 3면.

고 말하란 말인가?[13]

이와 유사하게, 이 시기의 유인물은 대부분 노태우 정권의 폭력성에 대한 비판에 초점을 맞추고 있다. 지배 세력의 폭력성 때문에 강경대 사건이 발생했고, 잇따른 분신들이 강제되었다는 논리였다. 노태우 정권의 폭력성은 '노태우 정권=살인 정권=폭력 정권'이라는 의미 계열을 통해 비판받았다.

노태우 정권은 노동자와 민중에 대한 탄압을 통해서만 살아남을 수 있으며 독점자본가의 이익을 위해 민중의 생존권을 말살하는 재벌 정권, 폭력 정권입니다. …… 강경대 학우에 대한 살인 행위는 바로 노태우 정권의 일련의 폭력적 행각 속에서 발생할 수밖에 없었던 필연적 사건입니다.[14]

강경대 열사를 살해한 책임은 살인 폭력 정권, 노태우 정권에게 있습니다. …… 노태우 정권의 정권 유지를 위한 공안 통치가 지속된다면 제2, 제3의 강경대 열사의 죽음이 재현될 것입니다.

---

13 김형수(민족문학작가회의 청년위원회 부위원장), 「우리 그것을 배신이라 부르자: 젊은 벗이 김지하에 답한다」, 『한겨레신문』(1991/05/14), 3면.
14 유인물 「민주의 재단에 바쳐진 젊은 넋! 바로 여러분의 아들입니다」, 덕성여대 투쟁위원회 건준위(1991/05/01).

…… 이제 4000만 국민은 강경대 열사의 시신 앞에 노태우 정권을 '살인 정권'으로 낙인찍고, 결코 현 정권을 국민의 정부로 인정할 수 없음을 당당히 말합니다. 우리 모두가 아들의 참혹한 죽음 앞에 절규하다 쓰러진 어머니의 슬픔을 받아 안고, 끓어오르는 분노로 살인 정권을 규탄하는 열사의 아버님과 함께 떨쳐 일어서야 합니다. 4000만 국민에 의해 이루어지는 민주주의를 향한 위대한 행진은 죽음과 고통으로 이어지는 악순환의 고리를 마침내 끊어 낼 것입니다. …… 열사의 죽음이 현 정권의 장기 집권 과정 속에서 자행된 일임을 명확히 알고 폭력에 의한 장기 집권 음모를 국민의 지혜와 힘으로 슬기롭게 극복해야 합니다.[15]

그리고 이런 의미 계열은 살인·폭력의 대상을 학생으로부터 노동자, 민중, 시민 등으로 확장하고, 살인·폭력의 행사자를 재벌, 정치인 등으로 확장하는 또 다른 의미 계열과 연결되었다. 이로부터 '노태우 정권=살인 정권=폭력 정권=재벌 정권'이고, 그 희생자는 '강경대=분신=학생=노동자=민중=시민'이라는 의미 계열이 만들어졌다.

---

15   유인물 「살인 정권이 더 이상 국민의 정부일 수는 없습니다」, 동국대학교 총학생회 (1991/05/02).

이제 우리는 알아야 합니다. 노 정권과 재벌의 안정적 지배를 위해, 그에 반대하는 노동자, 학생, 시민에게 전쟁을 선포하고 급기야 백주대낮에 강경대 군을 타살했듯이 우리 사회 곳곳에서는 똑같은 일들이 벌어지고 있다는 것을. 바로 산업재해로 인해 죽은 노동자들. 단돈 5만 원의 월세값 때문에 죽어 간 아이들. 페놀로 오염된 물을 마신 어머니의 뱃속에서 죽은 태아. 농촌 말살에 의해 죽어 가는 농민이 노 정권의 민생 압살과 살인적 탄압에 의해 죽어 갔다는 것을.[16]

민중의 생존권을 보장하지 못하는 정권! 가진 자들만 배불리는 정권! 이 정권이 바로 노태우 정권입니다. 뼈 빠지게 일해야 한 달 생활하기가 빠듯한 현실, 연탄불을 피우고 죽을 수밖에 없는 현실! 독점재벌은 부동산 투기와 향락 산업으로 민중의 피, 땀을 쥐어짜고, 노태우 정권은 이를 보장하기 위해 민중 탄압과 온갖 특혜를 주고 있습니다. …… 노동자의 임금 인상 투쟁조차 범죄시되어 112기동대가 증원되고, 학생들은 폭력 집단이 되어 M-16에 의해 위협당하고 쇠파이프로 살해되며 참교육과 언론 자유를 외치는 곳마저 구타와 체포만이 돌아가는 사회! 폭압 기구, 악법으로 민중들을 탄압해야만 존립할 수 있는 노 정권하에서 4000만

---

16 유인물 「민중들이 죽어 가고 있습니다」, 고려대학교 경영학과 특별위원회, 날짜 미상.

국민들에게 돌아오는 것은 민주주의가 아니라 생존의 위협이고, 생명의 박탈인 것입니다.[17]

강경대 사건과 연이은 분신이 대중이 직간접적으로 체험한 경험이라면, 이상의 의미 계열은 그 경험을 노태우 정권의 폭력성이라는 의미(방향)로 보편화시킨 것이었다.

이렇게 1991년 5월 투쟁의 수많은 죽음에 대해 다양한 정치사회 세력들은 각기 상반된 해석과 의미를 부여했다. 분명 죽음은 현실로 존재했다. 아무도 그 현실을 부정할 수는 없었다. 죽음이 존재했고, 따라서 죽음의 원인과 그에 대한 책임 소재가 밝혀져야 했다. 하지만 현실은 그 자체로 투명하지 않았다. 1991년 5월 투쟁이 전개되면서 현실에 대한 기의signifié는 고정되지 않은 채 대립적인 기표signifiant 밑으로 계속해서 미끄러졌다.[18]

---

17 유인물 「온 국민의 단결 투쟁으로 경대는 부활하고 있습니다」, 범국민대책회의, 1991년 5월 14일.

18 의미sens는 기의와 기표의 결합을 통해 구성된다. 그러나 '어떤' 기의와 '어떤' 기표의 결합은 필연적이라기보다는 임의적이다. 동일한 기의가 다른 기표와 결합할 수도 있으며, 동일한 기표가 다른 기의와 결합할 수도 있다. 의미는 고정되지 않고 끊임없이 구성된다. 로잘린드 코워드·존 엘리스, 『언어와 유물론』, 이만우 옮김, 백의, 1994, 33-54쪽; 강영안, 「자크 라캉: 언어와 욕망」, 『포스트모더니즘과 포스트구조주의』, 현암사, 1991 참조.

(2) 생존권과 대안적 공동체: 5월 4일~18일

5월 4일과 9일을 기점으로 투쟁은 확대되어 갔다. 그러나 김윤환 민자당 사무총장은 "치안 유지가 안 될 때는 군인이나 예비군도 동원되는 것 아니냐"면서 백골단 해체를 거부했다.[19] 또한 민자당은 '지금의 상황은 1987년 6월항쟁 때와는 판이하다'는 태도를 보이고 있었다. 이정룡 치안본부 경비부장은 "재야에서는 일부 시민들이 시위에 합세했다고 주장하지만 이는 학생이나 재야 단체 회원에게 신사복을 입거나 예비 군복을 입고 시위에 나서도록 한 고도의 심리전일 뿐 실제 시민들일 가능성은 희박하다"라고 말했다.[20]

범국민대책회의의 평가는 이와 전혀 달랐다. 대책 회의 최종현 상황 실장은 "박종철 죽음에 이어 4개월 남짓의 정국 소용돌이 끝에 6월항쟁이 촉발됐던 데 비해 이번에는 일주일이란 짧은 기간에 국민들의 분노가 이만큼 표출된 것은 예상외의 양상"이라고 했으며,[21] 5월 9일 민자당 해체 투쟁에 대해서도 범국민대책회의는 "엄청난 숫자의 시민들이 자발적으로 참여하는 것을 보고 현 정권에 대한 국민의 분노를 확인할 수 있었다"

---

19 『한겨레신문』(1991/05/04), 3면.

20 『조선일보』(1991/05/11), 2면.

21 『한겨레신문』(1991/05/07), 3면.

라고 평가했다.[22]

이렇게 1987년 6월항쟁은 1991년 5월 투쟁을 해석하는 직접적인 기준이었다. 물론 이 같은 상반된 해석은 1987년 6월 항쟁을 경험했던 사람들을 향한 다분히 의도적인 평가였다고 볼 수도 있다. 그만큼 1987년 6월항쟁에 대한 대중의 정치적 경험은 1991년 5월 투쟁의 밑바탕 깊숙이 존재하고 있었던 것이다.

그러나 상반된 평가에도 불구하고 5월 투쟁은 분명히 확대돼 가고 있었다. 이것은 대중의 동향에 민감할 수밖에 없는 야당의 입장 변화에서도 읽힐 수 있었다. 5월 8일 김대중 신민당 총재는 '노재봉 공안 내각 총사퇴, 백골단 해체, 반민주 악법의 개폐'를 촉구하면서 "현 시국 수습을 위해 노태우 대통령이 임기 중에 내각제 개헌을 하지 않겠다고 분명히 하고 민자당적을 떠나 거국 내각을 구성해야 한다"라고 주장했으며, 이기택 민주당 총재는 현 시국을 '국가적 위기'로 규정하면서 "노 대통령은 제2의 6·29를 하는 심정으로 이런 요구를 수용하든지, 아니면 실정에 대한 책임을 지고 대통령직을 사임하는 양자택일을 해야 할 것"이라고 말했다.[23]

---

22 『조선일보』(1991/05/11), 2면.

23 『한겨레신문』(1991/05/09), 1면.

이에 대한 노태우 정권의 대응은 간단했다. 대통령 정무수석은 "총리에게 시국 수습의 책임을 물을 수 없다. 이번 사건으로 인한 행정 지휘-정치적 책임은 이미 물은 바 있다. 노 내각 퇴진을 주장하고 있는 체제 전복 세력의 실체와 저의가 무엇인지부터 알아야 할 것"이라고 하여,[24] 1991년 5월 투쟁을 체제 전복 세력의 음모로 몰아가려 했으며, 노태우 대통령도 "일부 극렬 세력들이 한 대학생의 죽음을 볼모로 체제 전복을 기도하고 있다"라고 했다. 지배 세력에게 1991년 5월 투쟁은 민주화 운동이 아니었다. 윤길중 민자당 상임고문은 "요즘 시위가 민주화 운동이라면 정부가 물러서야겠지만 이 사태는 민주화 운동이 아니다"라고 주장했다.[25] 1991년 5월 투쟁을 체제 전복 세력의 음모로 몰아가려는 시도는 그 후에도 계속해서 나타난다.[26]

---

24 『조선일보』(1991/05/12), 1면.

25 『한겨레신문』(1991/05/14), 3면.

26 5월 15일 이상연 내무부장관은 "지난 14일의 강 군 장례 행사 과정에서 사노맹과 한민전(한국민주전선) 등 6개 반국가단체가 임시정부 수립과 민중 정부 수립을 내용으로 하는 플래카드와 유인물을 대량으로 살포하는 등 체제 전복을 기도하고 있다. 이들의 불법행위에 적극 대응해 나가겠다"라고 했으며, 같은 날 정부 대변인 최창윤 공보처장관은 "장례를 빌미로 한 폭력적인 혼란 조성 행위나 이를 이용하려는 기도는 결코 용납할 수 없다. 장례식과 관련, 살포된 40여 종 이상의 유인물들을 분석한 결과, 남한 사회주의노동자동맹(사노맹)과 한국민족민주전선(한민전) 등 용공 지하 단체 유인물이 10여 종이나 대거 뿌려졌다는 데 충격을 금치 못한다. 용공 지하 단체들은 '현 정권은 우리의 적이다', '미국놈들 몰아내자', '파쇼 타도 민중 권력 쟁취' 등의 구호와 정권 타도 및 민중 혁명을 외치며,

그럼에도 불구하고 투쟁이 확대되면서 첫 번째 시기에 나타났던 죽음과 폭력의 의미 계열은 분화되거나 새로운 의미 계열로 연결되고 있었다. 열린 공간 속에서 대중의 생존권에 대한 요구가 결합되기 시작했던 것이다.

> 우리 노동 형제에게도 6일 박창수 한진중공업 위원장이 차디찬 시신이 되어 돌아오고야 말았습니다. …… 박 위원장은 지난 2월 10일 대우조선 파업에 관해 논의했다는 이유로 제3자 개입 금지법 위반 혐의로 구속되었습니다. …… 이러한 노동 악법을 빌미로 구속된 노동자가 올해만 해도 100명입니다. 또한 치솟는 물가 속에 살아갈 방한 칸도 유지하기 힘든 마당에 임금 한 자릿수 인상 고수, 무노동·무임금, 노동쟁의 행위를 원천적으로 봉쇄하는 업무 중단분에 대한 손해배상 청구 등이 노동부가 노동운동 탄압의 첨병으로 등장하면서 내놓은 노동부 지침의 내용입니다.[27]

> 빈민 형제 여러분! …… 치솟는 물가, 계속되는 노점 단속과 강제

'과도정부 수립'이나 '민중 정부 수립' 등의 체제 전복을 요구하고, 폭력 시위를 자행하고 있다. 순순하게 장례식에 참석하려는 사람들은 이들에게 이용당하지 않도록 해달라"라고 했다. 『조선일보』(1991/05/16), 23면.

27 유인물 「故 강경대 열사를 영결하며 천만 노동자의 슬픔과 분노로 박창수 위원장의 죽음에 대해 다음과 같은 것을 요구한다」, 고 박창수 위원장 옥중 살인 규탄 및 노동운동 탄압 분쇄를 위한 전국노동자 대책위원회(1991년 5월 14일).

철거, 1년의 반은 놀아야 하는 실업 — 이런 우리 생활의 고통과 강경대 학생의 죽음은 밀접한 관련이 있습니다. 단속반, 철거반들의 폭력에 다치고 죽어 간 사람, 노점 단속에 항의해 분신한 사람들이 어디 한둘입니까? 따라서 학생과 노동자만이 아니라 바로 우리 빈민들이 일어설 때 노태우 정권이 무너지고 나라가 바로 섭니다. 우리 문제까지 싸들고 투쟁 대열에 함께 나섭시다.[28]

세계 최장 시간의 노동시간과 저임금, 직업병과 산업재해 속에서 하루하루 노예처럼 살아가는 1000만 노동자. 1년 내내 농사를 지어야 수입 개방이니, 우루과이 라운든지, 청천벽력 같은 농발대 [농어촌발전종합대책]는 또 뭐고 아무리 풍년이 들어도 비료값도 나오지 않아 스스로 농약을 마실 수밖에 없는 800만 농민. 해가 바뀔 때마다 오른 전·월세값이 없어서 목을 매고, 유치원에 보낼 돈이 없어서 문을 잠그고 돈 벌러 간 사이 엄마 아빠를 기다리다 불에 타 숨진 아이들을 부둥켜안고 세상에 대해 이를 박박 갈고 있는 800만 도시 빈민, 그리고 학비 걱정에 몸살을 앓는 100만 대학생들…….[29]

---

28 유인물 「빈민 생존권 탄압하는 노태우 정권 철거하자!」, 전국빈민연합, 날짜 미상.

29 유인물 「승리의 불꽃」 속보 2호, 노동 해방 선봉대, 1991년 5월 9일.

4월까지의 물가가 이미 5.4퍼센트에 이르는 살인적인 폭등세로 하루하루 가계의 주름살은 더욱 깊어만 갑니다. 인간답게 살자는 노동자들의 주장에 동조하고 논의했다는 이유만으로 제3자 개입 금지라는 덫을 씌워 감옥에 가두는 현실! …… 노동자의 정당한 임금 인상 요구는 묵살하며 탄압만을 일삼는 정권! 시민 생활은 나 몰라라 하며 독점재벌만을 살찌우는 정권![30]

이와 같이 '노태우 정권=폭력성=구조화된 폭력성=생존권 탄압'이라는 의미 계열이 구성되었고, 주요 담론으로 확장되기 시작했다. 생존권적인 요구는 주로 노동자, 빈민, 농민 계층을 중심으로 일부 학생운동 세력에 의해 제기되었다. 특히 노동자의 경우, 이런 요구는 임금 인상 투쟁과 결합하는 양상으로 나타났다. 이것은 동시에 1991년 5월 투쟁을 '평화적 시위 문화 정착'이나 '내각 사퇴'로 축소할 수 없다는 것을 의미했다.

내각 사퇴라는 주장이 공안 통치의 실제 주범 노태우는 그대로 둔 채 변죽만 울리면서 노태우와 손을 잡으려는 정치 협잡꾼들의 말장난이라는 것은 말할 필요도 없습니다. 앞으로도 노태우 정권은

---

30 유인물 「5월 14일은 故강경대 열사의 장례식날입니다」, 서울 지역 민족민주학생운동 연합 산하 성대 지부, 1991년 5월 14일.

공안 통치를 계속할 것입니다. 왜냐하면 노태우의 공안 통치는 독점재벌과 자본가의 경기회복과 이윤 보장을 위한 민중 희생의 경제정책을 힘으로 관철시키고, 국민의 의사를 무시한 채 내각제 개헌을 강행하기 위한 사전 포석이기 때문입니다.[31]

시민 여러분! 신민당은 경대를 비롯 수많은 젊은 목숨들이 스러져 간 것은 노재봉 내각의 공안 통치로부터 시작되었으므로 노재봉 내각이 책임을 지고 사퇴해야 한다고 이야기합니다. 과연 그러합니까? …… 노태우 정권의 일부분에 불과한 노재봉 내각이 바뀐다 하더라도 극도의 생활 파탄과 살인적 민중 탄압은 그치지 않을 것이며 강경대 군과 같은 처참한 죽음도 그치지 않을 것은 자명한 사실입니다.[32]

한편 보수 야당은 '공안 내각 총사퇴'를 내걸어 국민들의 투쟁과 학우들의 분노에 찬 분신을 자신의 정치적 입지 강화에 이용하려 들었습니다. 그들의 관심은 이 땅의 탄압·억압 체제의 완전한 철폐가 아닌 단지 차기 대권을 쥐는 것이기에 '장외투쟁은 않겠다! 국민들이여, 자제하라. 더 이상의 진출은 폭력일 뿐이다'라고 외

---

31 유인물 「죽음 앞에 웃는 자들 노태우 정권」, 남한 사회주의노동자동맹, 1991년 5월 14일.

32 유인물 「민중 진군」, 서울지역학생특별위원회 연석회의, 1991년 5월 14일.

치며 민주적이면서도 온건한 자신의 이미지를 국민들에게 심어 주어 광역 의회 선거에서 유리한 위치를 점하고자 한 것입니다.[33]

하지만 아직까지 생존권적인 생활상의 요구도 죽음과 폭력의 의미 계열화를 크게 벗어나는 것은 아니었다. 이 시기에도 죽음과 폭력은 여전히 5월 투쟁의 주요 언어였다. 심지어 학생 운동의 주류 세력은 노태우 정권의 폭력성을 반미와 연결시키기까지 했다. 즉, '노태우 정권=폭력성'은 미국에 의해 배후 조종된 것이라는 주장이었다.[34]

6공화국의 노 정권은 매판 예속적인 반통일 정권이다. …… 우리 100만 학도는 미국이 광주 학살의 배후 조종자이자 공안 통치의 주범임을 너무나 잘 알고 있다. 정보원 출신인 그레그라는 자는 대사관이라는 허울을 쓰고 노태우와 김영삼, 그리고 김대중 등 독재 무리와 보수 정객을 만나며 정치 공작을 자행하는 것을 본업으

---

33 유인물 「너를 묻으며 나의 나약함, 우리의 비겁, 그리고 이 지긋지긋한 노태우 정권까지 함께 묻으마」, 서강대학교 총학생회, 날짜 미상.

34 물론 이에 대한 학생운동권 내부의 비판도 끊임없이 제기되었다. "그들은[전대협] 대중들이 일어설 때 비폭력을 부르짖었다. …… 그런데 이제는 대중들이 자주적으로 폭력 투쟁을 전개해 나가고 있는 시점에서 느닷없이 반미 주간이니 미국의 10대 범죄니 하는 것들을 들고 나오면서 노태우 파쇼 정권 타도를 향한 대중들의 투쟁 열기에 찬물을 끼얹고 있다." 유인물 「해방기지 제4호」, 경희대학교 학생투쟁연합, 날짜 미상.

로 하고 있다. 미국에 엄중히 경고한다. 당장 공안 통치의 사주와 공작 정치를 중단하라. 그리고 이 땅위에 숨겨 놓은 1000여 개의 핵무기를 가지고 4만 명이 넘는 주한 미군을 몰고 이 땅을 떠나라. 또한 자국의 이익만을 위한 무리한 시장 개방 압력을 중단하고 폭력과 섹스 문화의 침투를 걷어치워라.[35]

한국 총독 그레그는 독재 지원 내정간섭을 하지 말라! 그레그는 워싱턴으로 가서 부시 딱갈이나 해라! 한국민의 민주화 투쟁은 피의 몸부림이다. 더 이상 미국은 한국민의 민주화 투쟁을 가로막지 말라! 부시의 이익 때문에 한반도의 제2의 이라크 온몸으로 반대한다! 한반도 전쟁 책동 미국을 반대한다! 한국민의 민생 파탄 진짜 주범 미국의 악랄한 경제 침략 민족의 이름으로 반대한다![36]

생존권적인 요구와 마찬가지로 비록 소수의 흐름에 불과했지만, 이 시기에는 대안적 공동체와 관련된 담론들이 본격적으로 나타나기 시작했다. 그것은 노태우 정권 퇴진 이후의 정부 구성에 대한 문제였지만, 동시에 투쟁이 보다 강하게 지속되고 성공하기 위해서는 새로운 공동체에 대한 전망을 내세워야 한

---

35 유인물 「노태우 살인 정권 - 6공화국의 파산을 선고한다」, 전국대학생대표자협의회, 1991년 5월 13일.

36 유인물 「퇴진 노태우! 미국 반대! 민주 정부 수립!」, 서울지역총학생회연합, 날짜 미상.

다는 것이었다.

지금까지 대책 회의가 범했던 오류. 부르주아계급과의 내각 사퇴 흥정. 보수 야당에 대한 단호한 비판의 방기. 상층 연대 투쟁체의 모습을 극복하지 않고서는 다시 한 번 역사 속의 투쟁체 이름만이 기록될 뿐이다. 이제 대책 회의는 공안 통치 종식과 민주 정부 수립을 위한 국민운동본부의 명실상부한 지도력을 확보하기 위해 아래로부터의 투쟁을 통한 재조직화와 기층 민중 중심의 조직 체계 강화가 요구된다.[37]

범국민대책회의를 '노 정권 타도와 임시 민주 정부 수립을 위한 국민투쟁본부'로 전화시키자! …… 노 정권 타도 투쟁에 실제로 동참하는 모든 세력이 연합하여 '임시 민주 정부'를 수립하자! 그 속에서 압제와 비리와 수탈의 책임자들을 처벌하고 각 계급과 정치 세력의 완전한 정치적 자유를 보장받자! 그리하여 다수 국민의 자유의지에 의해 새로운 권력을 수립하는 절차를 밟자. 파쇼를 배제한 가운데 대선·총선을 실시하자![38]

---

37 유인물 「노동자는 총파업으로! 학생은 동맹휴업으로! 상인은 철시로 노태우 정권 타도하자!」, 프롤레타리아트 권력 쟁취를 위해 투쟁하는 학우 일동, 1991년 5월 18일.

38 유인물 「노태우 정권 타도하고, 전 민주 세력이 참여하는 임시 민주 정부 수립하자!」, 반제반파쇼 민중민주주의를 위해 투쟁하는 학생 일동, 1991년 5월 13일.

노태우 정권 타도의 기치 아래 자본과 권력이 넘보지 못할 정치 세력으로서 우리 노동자가 자리를 굳건하게 차지해 들어가자. …… 우리 투쟁을 진두에서 탄압하는 정권 수호 부대 안기부, 국 군기무사, 전경, 백골단 등 파쇼 폭압 기구를 해체시켜야 한다. 민 중 생존권 쟁취로 당면 생활상의 고통을 해소해야 한다. 이러한 당면 요구의 근본적인 해결은 노태우 정권 타도와 민중 권력 수립 임을 다시 한 번 강조하며 최후의 승리를 향한 노동자의 총파업투 쟁으로 쉼 없이 투쟁, 전진하자![39]

민중 권력, 민주 정부 웬 말이냐 노동자 권력 쟁취하자!!! 타오르 고 있는 전 국민적 투쟁을 노동자의 대중적 파업 투쟁을 통해 노 동자 권력을 쟁취합시다. …… 단위 사업장에서 노동자 밀집 거주 지역에서, 그리고 거리의 투쟁 현장에서 '노동자 권력 쟁취를 위 한 노동자 투쟁위원회'를 건설합시다.[40]

임시 민주 정부, 민중 권력, 노동자 권력, 거국 내각, 민주 정부 등을 제시하는 이른바 '대안 권력 논쟁'이 유인물을 중심

---

39 유인물 「노동자계급의 투혼으로 흔들림 없는 결사 투쟁 노태우 정권 타도의 그 한길로 총진군하자!」, 서울노동운동단체연합준비위, 1991년 5월 18일.

40 유인물 「부활하라, 열사여! 노동자 권력의 깃발로!」, 노동자 권력을 염원하는 노동자 일동, 날짜 미상.

으로 전개되었다. 그것은 민족 공동체 내지 시민 공동체를 뛰어넘으려는 시도였고, 그런 만큼 반자본주의적 성격을 강하게 가지고 있었다.

하지만 이런 논쟁이 어느 정도 대중들에게 이해되고 받아들여졌는지는 확인할 수 없다. 대안 권력 논쟁은 주로 비합법 지하 정파 조직들을 중심으로 전개되었으며, 대중에 대한 그들의 영향력은 실질적으로 미미한 실정이었다. 더구나 5월 18일 이후 5월 투쟁의 급속한 소멸 과정은 대안 권력 논쟁의 유효성을 증명할 수 있는 기회를 주지 않았다.

(3) 전도된 폭력: 5월 18일~6월 29일

1991년 5월 투쟁 초기에 나타났던 학생들의 잇따른 분신에 대해서는, 그들이 학생이었기 때문에 다음과 같은 진단도 가능할 수 있었다.

국민학교에서부터 흑백논리에 익숙해진 아주 단순한 인간형들이 양산되고 있습니다. 분신해서 그냥 죽어 버리는, 정말 이해하기 어려운 저돌성·충동성·맹목성 등은 이런 교육 풍토 아래서 점점 우리 젊은이들의 사고를 지배해 온 것입니다. 말로 아무리 '죽지 말라'고 호소해도 소용이 없습니다. 교육을 제대로 해서 사람을 제대로 키워야 합니다.[41]

학생들이란 어느 시대, 어느 나라 학생이든 아름다운 이상을 품고 있는 이상주의자들이며, 그 이상의 실현을 위한 정열을 지니고 있다. 그것이 청년 학생들의 기본적 속성이다. 그들은 생활이 현실에 뿌리박혀 있지 않으므로 그런 이상은 관념적이고 동시에 낭만적이다. 그러나 관념적이기 때문에 순수하고 낭만적인 까닭에 정열이 흘러넘친다. 우리나라의 학생들은 바로 이 순수한 정열로 민족이 위기에 처할 때마다 강한 소명 의식을 느끼고 민족의 정통적 요구를 가장 충실히 그리고 희생적으로 느끼고 수행해 왔다.[42]

그러나 분신은 학생에 국한되지 않았다. 5월 8일 전민련 사회부장이었던 김기설의 분신 이후에는 주로 빈민, 노동자 등 사회 하층민들의 분신이 이어졌다. 연속적인 분신, 더구나 '알 수 없는 사람들'의 분신은 어떤 형태로든 분신에 대한 의문을 불러일으키지 않을 수 없었다. 갈등과 대립 속에서 계속해서 미끄러지는 죽음의 기의는 하나의 기표로 고정돼야 했다. 사람들은 현실이 보다 투명해지기를 바라기 시작했다.

이에 대해 가장 명확한 답변을 내린 것은 지배 세력이었다. 노태우 정권은 '어떤 세력'이 분신을 배후에서 조종하고 있다는

41 조완규 서울대 총장, 『조선일보』(1991/05/07), 9면.

42 『한겨레신문』(1991/05/07), 1면

배후 조종설을 내세웠다. 이것은 1991년 5월 투쟁을 체제 전복 세력의 음모로 치부하는 것과 그 맥을 같이하고 있었다. 물론 배후 조종설은 증거가 없었다. 5월 8일 김기설 분신을 계기로 최초로 나타났던 배후 조종설은 증거 불충분과 사회운동 세력의 강력한 반발로 일시적으로 잠복했다.

관계자들은 "분신은 더 이상 있어서는 안 될 일"이라고 전제하면서 앞서 분신한 이들에 대해선 "정권의 폭압적 통치에 대한 국민의 분노가 들끓어 자신이 무엇을 해야 할 것인가라는 사회적 책임감을 크게 느낀 나머지 내린 결심의 결과"로 보고 있다. 할 일은 많다고 느끼되 투쟁 대상이 '철벽'처럼 강해 정작 할 수 있는 일이 여의치 않다고 여겨질 때, 자신의 몸을 던져 투쟁의 기폭제로 삼겠다는 결심을 한 것으로 분석된다는 것이다. 관계자들은 그러나 투쟁 방법이 목숨을 바치는 것인 만큼 "그 어느 누가 시킨다고 해서 할 수 있는 일이겠느냐"며 당국의 '배후 조종설'에 강한 반론을 펴고 있다.[43]

그러나 5월 18일 강경대 장례식과 광주항쟁 관련 집회·시위가 끝나고, 검찰이 1991년 5월 투쟁에 대한 본격적인 수사·

---

43 『한겨레신문』(1991/05/10), 3면.

검거에 착수하면서 배후 조종설은 '유서 대필·자살 방조'라는 이름으로 다시 등장했다. 검찰은 수사 발표를 통해 김기설의 유서 대필자로 전민련 총무부장 강기훈을 지목했다. 유일한 물증은 필적 감정이었지만, 이후 당시 필적 감정을 담당했던 김형영의 감정 결과는 믿을 수 없는 것으로 드러났다.[44] 하지만 진실을 밝히는 것은 이미 문제가 되지 않았다. 검찰과 언론, 억압적 국가 장치와 이데올로기적 권력 장치들은 통일적으로 사회적 위기의 책임을 그에게 떠넘기려 했고, 그에 걸맞은 시나리오를 생산하고 있었다. 강기훈은 1991년 5월 투쟁의 희생양이었다.[45]

이와 더불어 노태우 정권은 '5·28 민심 수습 대책'을 발표해 내각제 개헌 문제와 두 번째 시기에 분출하기 시작한 대중의 생존권에 대한 요구들을 봉합하고자 했다. '5·28 민심 수습 대책'은 5월 17일 노태우 대통령과 김영삼 민자당 대표최고위원의 '회동 발표문'과는 대조적이었다. '회동 발표문'이 자유민주 체제·의회민주주의를 강조하면서 체제 전복 세력에 대한 단호한 대응 방침과 야당에 대한 경고를 담고 있다면, '5·28 민심

44　「유서 대필의 진실」, 『한겨레 21』, 제199호(1998/03/29) 참조.

45　광역 의회 선거가 끝나고 6월 22일, 강기훈은 "진실을 밝히겠다"며 검찰에 자진 출두했으나 진실은 밝혀지지 않았고, 1년 2개월 여의 법정 공방 끝에 국가보안법까지 추가되어 징역 3년을 선고받았다. 유서 대필 사건에 대한 의문은 현재까지 계속되고 있다. <그것이 알고 싶다: 강기훈 유서 대필 사건>, SBS(1998/03/15).

수습 대책'에서는 물가 안정, 주택문제 해결, 부동산 투기 근절, 세제 개혁, 농어촌 구조 조정 등 대중의 생존권과 관련된 문제들을 언급하면서 동시에 내각제 개헌의 포기와 대통령 직선제를 명시했다.[46] 이렇게 '5·28 민심 수습 대책'은 생존권의 위험과 관련된 제1균열과 '내각제-차기 권력 계승'과 관련된 제2균열에 대한 응답이었다. 그리고 내각 개편과 더불어 제2균열은 명백히 소멸했다. 제2균열의 소멸은 지배 세력의 언어와 실천의 결합 효과였다. 하지만 제1균열에 대한 응답은 아직 언어에 지나지 않았고, 제1균열을 소멸시킬 수 있는 실천은 존재하지 않았다.

하지만 유서 대필 사건으로 인해 두 번째 시기에 나타났던 대중의 생존권적인 요구는 점차 부차화되었고, 죽음과 폭력의 의미 계열이 다시 주요 담론이 되었다. 하지만 그것은 전도된 의미 계열이었다. 유서 대필 사건은 그 일차적 전환이었으며, 6월 3일 발생한 외대 사건은 죽음과 폭력의 의미 계열이 전도되는 이차적 전환이었다.

외대 사건에 대해 정부는 대책 회의를 소집해, "이번 사건을 '인류을 저버린 패륜아적 범죄', '공권력과 정부 권위에 대한 중대한 도전이자 반인륜적 행동' 등의 격렬한 어휘를 사용해 성

---

46 서울언론인 클럽, 『한국시사자료 연표 1880~1992』(하권), 1992, 2015-2019쪽 참조.

토, 국민적 공분을 자극했다. …… 정부는 특히 '이번 사건의 배후에는 조직적 반체제 좌경 용공 세력이 있다'며 '현 시점을 법질서 확립의 마지막 기회로 삼아 체제 도전 세력을 철저히 추적 색출하기로 했다'고 밝혀 이번 사건을 계기로 운동권 전체에 대해 '대대적 탄압'을 가하겠다는 의도를 강력히 시사했다."[47] 노태우 정권은 외대 사건을 반체제 좌경 용공 세력에 의한 '계획적·조직적인 테러'라고 발표하면서 사회운동 세력에 대한 대대적인 수사와 탄압을 시작했다. 유서 대필 사건이 억압적 국가 장치에 의해 주도되고, 이데올로기적 권력 장치들이 그 뒤를 잇는 양상이었다면, 외대 사건은 이데올로기적 권력 장치들에 의해 주도되고, 이를 억압적 국가 장치가 뒷받침하는 양상으로 확산되었다.

이에 대해 김종식 전대협 의장은 기자회견을 통해 "이번 사건은 김귀정 사망 사건 뒤에도 계속되는 살인적인 시위 진압에서 보이듯 민주화를 이룰 수 없는 정 내각에 대한 학생들의 분노의 표시"였으며, "특히 정 총리서리의 외국어대 방문은 순수한 의미의 강의보다는 언론 플레이를 통해 자신의 총리 취임에 대한 국민적 반발을 무마하고 이미지를 미화시키려 한 측면마저 있다"라고 비판했다.[48] 즉, 외대 사건은 계획적·조직적인

---

47 『한겨레신문』(1991/06/05), 3면.

것이 아니라 우발적·즉흥적인 것이었으며, 오히려 정 총리서리에 의해 도발된 측면이 있다는 것이었다.

이처럼 외대 사건에 대한 지배 세력과 사회운동 세력의 주장은 강경대 사망 사건에 대한 해석과 대조적이었다. 지배 세력에게 강경대 사건이 우발적 사건이었다면, 외대 사건은 계획적 사건이었으며, 사회운동 세력에게 강경대 사건이 필연적 사건이었다면, 외대 사건은 우발적 사건이었다. 하지만 외대 사건은 강경대 사건과 달랐다. 강경대 사건에 대한 대립적인 해석들은 고정되지 않은 채, 5월 투쟁의 확산 과정 속에서 지속적으로 미끄러졌던 반면, 외대 사건은 아주 신속하게 하나의 의미로 고정되었다. 외대 사건은 학생운동권의 폭력성의 표출이자 사회운동 세력의 반反도덕성을 보여 주는 상징이 되었다. 그것은 억압적 국가 장치와 이데올로기적 권력 장치들의 통일된 실천의 효과였다.

하지만 이 시기 유인물들은 죽음과 폭력의 의미 계열이 전도되는 상황에 적절히 대응하지 못하고 있었다. 비판은 주로 내각 개편과 광역 의회 선거에 대한 비판에 머물러 있었다.

22일 노재봉 총리가 청와대에 사퇴서를 제출하며 당당히 정부 청

---

48 『한겨레신문』(1991/06/05), 3면.

사로 걸어가는 모습을 보았습니다. 그리고 어제는 정원식 전 문교부장관이 새로이 총리로 임명되었습니다. 그는 민족·민주·인간화 교육을 외치며 참교육 실현에 힘쓰는 우리 선생님들을 온갖 수단을 동원해 탄압한 경력(?)을 갖고 있습니다. 그러한 사람이 총리가 되었으니 앞으로 민중 진영을 더욱더 탄압할 것은 불을 보듯이 뻔한 일입니다. 우리는 알고 있습니다. 총리가 수없이 바뀔지라도 현 사회의 부패를 막을 수 없다는 것을. …… 보수 야당 신민당 민주당은 이러한 근본적 해결을 바라고 있지 않습니다. 그들은 내각 사퇴를 통해 자신의 입지를 강화하고 앞으로 다가올 광역 의회 선거에서 많은 당선을 통해 다가오는 대권 경쟁에서 유리한 고지를 점하려 하고 있습니다.[49]

국민들의 원성을 탄압으로 다스려 온 현 정권은 내각을 교체하고 양심수를 일부 석방하는 선에서 사태를 마무리하고, 광역 의회 선거로 국면을 전환하려고 하고 있습니다. 내각이 바뀐다고, 광역 선거를 치른다고 해서 우리들의 생활이 나아질 수 있습니까? 전 국민적 항쟁이 진행되고 있는 지금도 현 정권의 폭력이 난무하는데, 그놈이 그놈인 개각과 선거로 투쟁 열기가 식는다면 더욱 가

---

49 유인물 「노태우 시대는 끝났다!」, 민중 탄압 민주 압살 노태우 정권 완전 타도를 위한 특별위원회 연석회의, 1991년 5월 25일.

혹하게 국민들을 탄압하고 수탈할 것이라는 것은 자명한 일이지 않습니까? 따라서 신민당을 비롯한 야당들도 진정으로 국민을 위한다면 노태우 정권 퇴진 투쟁에 동참해야만 하고, 우리는 동참하기를 요구합니다. 노태우 정권 퇴진 투쟁은 끝나지 않았습니다.[50]

유서 대필 논쟁에 대해서는 '누가 더 폭력적인가', '어떤 폭력이 더 폭력적인가'라는 일종의 폭로전이 거의 유일한 대응이었다.

김기설의 분신 투쟁을 놓고 노태우 정권은 민주 운동 진영 내에 배후 조종 세력이 있다고 주장하고 있습니다. 열사의 투쟁을 배후 조종으로 몰아붙이며 모욕하는 행위는 차치하더라도 한진 노조 박창수 열사의 시신을 영안실 벽을 뚫어 가며 탈취하고는 진상조차 은폐하여 발표하면서 김기설 열사의 분신을 물고 늘어지며 증거도 명백하지 못한 것을 실제 배후가 있는 것인 양 호들갑을 떨고 있습니다. …… 시민 여러분 80년 광주항쟁에서 민중의 민주주의적 요구를 불순 세력 운운하며 피로 학살한 파쇼 정권은 이후에도 폭력 세력이란 말을 언제든지 사용하며 민중 탄압의 수단으로 활용하고 있는 것입니다.[51]

---

50 유인물 「창수야 일어나라! 일어나서 싸워라!」, 범국민대책회의, 1991년 5월 25일.

전혀 확인할 길 없는 96시간이라는 밀실 수사를 통해 얻어 낸 홍성은 양의 증언과 백골단의 산실 내무부 소속 수사 기관인 국립과학연구소의 필적 검사 결과를 증거로 제시하면서 상식으로도 확인할 수 있는 유서의 필체를 김기설 열사의 것이라고 우겨 대고 있습니다. 이는 김기설 열사의 분신 항거의 의미를 왜곡하고 대책 회의를 와해시키려는 비열한 음모이며, 4000만 민중들의 눈과 귀를 틀어막고 의식을 마비시키려는 보이지 않는 폭력, 더 무서운 폭력인 것입니다.[52]

이렇게 이 시기에도 죽음과 폭력은 1991년 5월 투쟁의 주요 언어였다. 하지만 그 의미 계열은 5월 투쟁 초기와는 전혀 달랐다. 투쟁 초기에 죽음과 폭력이 노태우 정권의 폭력성으로 계열화되어 갔다면, 이제 죽음과 폭력은 사회운동 세력의 폭력성으로 계열화되었다.

힘과 힘이 맞부딪치는 투쟁의 시공간에서 완전한 무無폭력이란 불가능하다. 완전하게 계획되고 통제되는 대중운동이란 존재하지 않기 때문이다. 1991년 5월 투쟁이 아니었다면, 아마

---

51 유인물 「내각 사퇴! 웬말이냐! 민중의 힘으로 노태우 정권 타도하자!」, 동국대학교 학생특별위원회, 1991년 5월 23일.

52 유인물 「이제 모든 것이 해결되었다고 생각하십니까」, 이화여대 민중당 청년학생위원회, 1991년 5월 25일.

도 외대 사건은 작은 에피소드에 불과했을지도 모른다. 그러나 밀가루와 계란 역시 폭력이었고, 따라서 '폭력성 비판'이라는 5월 투쟁의 주요 언어는 역으로 사회운동 세력을 향한 화살이 되었다.

죽음과 폭력이 전 시기에 걸쳐 주요 언어였다는 사실은 1991년 5월 투쟁의 재앙이었다. 그것은 5월 투쟁을 촉발했지만, 또한 5월 투쟁을 소멸시키는 기폭제가 되었다. 투쟁이 확산되자 열린 공간 속에서 짧은 기간 동안 대중의 생존권적 요구가 분출했고, 대안적 공동체에 대한 논의들이 시작되었지만, 죽음과 폭력의 언어를 대체하지는 못했다. 이것은 결국 지배 세력에 의한 '사회운동 세력의 폭력성과 반反도덕성'이라는 공세적인 의미 계열화에 효과적으로 대응할 수 없는 한계로 작용했다. 대중이 현실의 갈등과 대립을 보다 투명하게 인식할 수 있는 저항적인 담론이 부재했던 것이다. 그리고 마침내 1991년 5월 투쟁을 끝으로 민주화 투쟁 과정에서 형성된 죽음과 분신이라는 집단적 상징이 갖는 의미 계열도 결정적으로 전도되었다. 그 이후 더 이상 죽음과 분신은 대중을 호명할 수 없었다.[53]

---

53 1996년에도 1991년과 유사하게 연이은 분신 사건이 있었다. 3월 29일 연세대 노수석의 시위 도중 돌연사와 관련해 4월 6일 경원대 진철원의 분신, 4월 16일 성균관대 황혜인의 분신, 4월 19일 여수 수산대 오영권의 분신이 계속되었다. 이에 대해 민주주의 민족통일 전국연합은 4월 20일 성명을 통해 '극단적 선택을 중단하고 비뚤어진 현실을 개선하기 위해

2. 폭력과 비폭력

1991년 5월 투쟁의 주요 담론은 '폭력'을 중심으로 구성되었다. 당시 폭력은 다양한 사회정치 세력들이 현실을 해석하고 설명하기 위해 사용한 거의 유일한 언어였다. 주지하듯이 대중운동과 관련되는 주요 쟁점 가운데 하나가 그 폭력성에 대한 비판이다. 그 폭력이 설사 부당한 권력과 폭력에 맞서는 대항 폭력이라 하더라도 마찬가지다. 그리고 폭력성에 대한 비판은 그 단순한 거울반사로서 비폭력에 대한 일방적인 옹호를 이끌어 내고 있다. 1991년 5월 투쟁에서도 폭력·비폭력 논쟁은 예외 없이 나타났다.

지배 세력은 강경대 사건이 폭력적 시위 문화에서 비롯되었다고 비판했으며, 이에 대해 전대협을 중심으로 한 사회운동 세력은 비폭력 투쟁을 선언했다.[54] 비폭력 투쟁은 대국민적 설득력을 높일 수 있는 투쟁 전술이라는 이유에서였다. 이런 비폭력 투쟁 원칙은 당시에도 내부적인 반발을 불러일으켰다.

살아서 투쟁하자'라고 당부했으며, 전국교수협의회도 4월 24일 성명을 통해 '사회문제를 죽음이라는 극단적 수단으로 해결하려 하지 말 것'을 촉구하면서 '불의에 항거하기 위해 스스로 목숨을 끊는 것은 가장 소극적이며 지양해야 할 방식'이라는 입장을 표명했다. 연이은 분신에도 불구하고 1991년 5월 투쟁은 재현되지 않았다.『국민일보』(1996/04/25), 27면.

54 국민연합 사무처 편,『새로운 시작 민중 승리를 위하여』, 일송정, 1991, 19쪽 참조.

지금 투쟁의 방식은 어떠한가? 전대협이나 대책위에서는 새로운 시위 문화(?) 정착, 비폭력이라고 주장한다. 폭력 시위 때문에 과격 진압이 있고 그래서 경대가 죽었다고 주장하는 적들의 공세에 밀리고 밀려 최소한의 자기방어 수단을 갖지 않고 맨몸으로 싸우겠다고 떠들고 있다. …… 비폭력을 주장함은 이전 시위의 모습에서 짱돌과 화염병이 잘못되었음을 스스로 인정하는 바가 되어 적들의 손아귀에 놀아나는 것이다. '타도하자'라는 외침이 공허한 메아리가 되지 않으려면 최소한의 방어 수단이라도 갖추고 자본가 그리고 국가권력에 대해 비타협적인 투쟁을 벌어야 한다.[55]

더 이상의 비폭력과 노 정권 타도를 접목하려는 그리하여 패배감을 쓸어 담으며 집에 돌아가게 만드는 지도의 비극을 뚫고 일어서야 한다. 비폭력과 노 정권 타도는 양립할 수 없다. 또한 노 정권에게 도덕적 우위로 승리할 수 있다고 보지 않는다. 도대체 노 정권에게 도덕적 우위란 무엇인가? 패배! 분신! 이것 말고 무엇을 얻었는가?[56]

그러나 집회·시위가 물리력으로 봉쇄되는 상황에서 비폭

---

55 유인물 「왜 죽어 가기만 하는가?」, 노동자 승리를 위해 투쟁하는 사람들, 날짜 미상.

56 유인물 「숭민학련 출정 선언문」, 숭민학련, 1991년 5월 9일.

력 원칙은 무의미했다. "경찰이 강경 진압으로 평화 시위마저 막자 비폭력 원칙은 무너질 수밖에 없었"기 때문이다.[57] 따라서 비폭력 원칙에도 불구하고 투쟁이 격화하면서 실질적인 실천 형태는 돌과 화염병을 동원하는 양상으로 나타날 수밖에 없었다. 그리고 이것은 다시 노태우 정권이 사회운동 세력을 폭력 집단으로 비판하는 빌미로 작용했다. 우발적인 폭력이 결합된 외대 사건은 그 정점에 있었던 셈이다.

우선 지배 세력은 폭력의 경계를 설정했다. 이에 따르면 시위에서 돌과 화염병을 사용하는 것은 폭력이었다. 그리고 사회운동 세력은 비폭력 투쟁을 선언하면서 이 같은 폭력의 경계를 사실상 받아들였다. 비폭력 투쟁은 시위에서 돌과 화염병을 사용하지 않겠다는 것이었다. 따라서 현실적으로 돌과 화염병을 사용할 수밖에 없는 상황이 강제되자 지배 세력은 이를 폭력으로 몰아붙였고, 이런 지배 세력의 담론에 대한 사회운동 세력의 대응은 무력할 수밖에 없었다. 비폭력 투쟁 원칙은 현실적으로 관철될 수 없었을 뿐만 아니라, 그것이 지배 세력의 폭력 담론을 전제·수용하고 있었기 때문에 도리어 지배 세력의 이데올로기적 공세에 적절하게 대항할 수 없는 장애물이 되었던 것이다. 이렇게 폭력을 비판하면서 대중운동을 거부하는 주장과 비폭력

---

[57] 『한겨레신문』(1991/06/06), 3면.

을 옹호하면서 대중운동을 구제하려는 시도는 단지 동전의 양면에 지나지 않았다.

폭력 비판과 비폭력 옹호라는 거울쌍을 벗어나기 위해서는 무엇보다 폭력·비폭력의 논리 구조를 해체하는 작업이 필요하다.

폭력에 대한 비판과 거부는 대체로 두 가지 논리에 기반하고 있다. 첫째, 폭력=파괴이므로 어떤 경우에도 폭력의 사용은 정당화될 수 없다는 것. 이 논리는 '모든 폭력은 악이며, 모든 비폭력은 선'이라는 자유주의적 관념에서 비롯한다. 둘째, 대항 폭력이 권력관계의 전화를 목적으로 하더라도 폭력을 수단으로 한다면 그 목적을 실현할 수 없다는 것. 이 논리는 '목적에 맞는 수단의 선택'이라는 합리주의적 관념에서 비롯한다. 요컨대 모든 폭력은 '인류 공존'이라는 측면에서 결코 정당화될 수 없으며, 대항 폭력의 경우에도 목적을 실현하기 위한 적절한 수단이 될 수 없다는 주장이다.

하지만 현대사회에 존재하는 보편적 적대성으로 말미암아 문제는 복잡해진다. 자본-노동관계와 관련된 계급 적대성 외에도 성, 지식, 인종, 민족 등의 보편적 적대성들이 사회관계 속에 내재돼 있다면, 그 적대적 모순들이 해소되지 않는 한 대립과 갈등은 불가피하다.[58] 이 대립과 갈등이 격화될 경우 지배 세력

---

58 마르크스에 따르면 적대란 "개인적 적대라는 의미에서가 아니라 개인들의 사회적 생

은 물리적 폭력을 동원해서라도 지배적 권력관계를 유지하려 한다는 사실이 이미 수많은 역사에 의해 증명되었다. 남한에서도 1980년 광주항쟁은 그 본보기였다. 이때 피지배 세력의 저항적 폭력은 불가피한 직접행동에 해당한다. 따라서 직접행동이란 자생적인 성격을 갖는다. 대중의 자생적인 직접행동이 폭력적인가 또는 비합리적인가에 대해서는 많은 논쟁이 존재하지만,[59] 다양한 사회문화적 역사 속에서 폭력의 의미가 각기 상이할 뿐만 아니라 끊임없이 변화된다는 점을 상기한다면, 직접행동이 역사의 진보에 기여한 바를 부정할 수는 없다. 자생적인 직접행동은 오히려 기존의 폭력의 의미를 변화시키고 폭력으로 인식되던 실천 형태를 사회 속에 제도적·합법적으로 장착시키는 효과를 갖는다. 노동 파업은 그 적절한 사례다. 따라서 폭력

활 조건들로부터 싹터 온 적대라는 의미"이다. 「정치경제학 비판을 위하여 서문」, 『칼 맑스 프리드리히 엥겔스 저작 선집 2권』, 최인호 외 옮김, 478쪽. 이런 의미에서 성, 민족 등 주체성 문제와 관련되는 '차이' 또한 '적대'라고 말할 수 있다. '적대'와 '차이'를 구분하려는 시도에 대해서는 손호철, 「한국 정치: 무엇을, 어떻게 공부할 것인가?」, 『현대 한국 정치: 이론과 역사』, 사회평론, 1997, 38-39쪽 참조. 물론 계급 적대의 해결은 계급의 소멸을 통해서만 궁극적으로 가능한 반면, 주체성의 차이에서 비롯한 이데올로기적 적대는 (이데올로기의 소멸이란 불가능하므로) 이데올로기의 민주화를 통해서 보다 '문명화'될 수 있다는 차별성은 존재한다.

59 이에 대한 간략한 소개로는 강정인, 「한국에 있어서 민주화와 정치 참여: 직접행동의 정치 참여성·폭력성 및 합리성에 관한 고찰」, 『자유민주주의의 이념적 초상』, 문학과지성, 1993 참조.

의 차별적 형태들을 구별하지 않고, 직접행동에 의한 대항 폭력을 비롯한 모든 폭력을 비판하는 논리는 지배적 권력관계의 유지에 기여하는 헛된 의식에 불과하다.[60] 이런 맥락에서 아렌트는 비폭력주의를 다음과 같이 비판한다.

> 폭력과 권력이 정면충돌하는 경우, 그 결과는 거의 자명하다. 만일 간디의 거대하게 강력하고 성공적인 비폭력 저항 전략이 다른 적 ─ 영국이 아니라, 스탈린의 러시아, 히틀러의 독일, 심지어 전전前戰의 일본 ─ 을 만났다면, 그 결과는 탈식민화가 아니라, 대량 학살과 굴복이었을 것이다.[61]

더구나 모든 폭력을 비판하는 논리는 대체로 모든 폭력에서 합법적 폭력을 제외한다. 합법적 폭력은 모든 폭력에서 배제되고 비판받지 않는다. 오히려 합법적 폭력은 모든 폭력을 근절하기 위한 불가피한 국가 기능으로 받아들여진다. 하지만 억압을 통해 유지되는 국가만이 아니라 동의에 기반을 둔 국가에서도 지배 세력은 폭력을 합법화함으로써 피지배 세력을 효과적으로 통제하고자 한다. 그람시가 강조했듯이 지배계급의 헤게

60　에릭 홉스봄, 「폭력의 규칙」, 『혁명가: 역사의 전복자들』, 김정한·안중철 옮김, 길, 2008 참조.

61　한나 아렌트, 『폭력의 세기』, 김정한 옮김, 이후, 1999, 86쪽 참조.

모니적 지배조차 물리적 폭력이 뒷받침되지 않는다면 불가능하다. 물리적 폭력이 없다면 헤게모니도 없다.[62] 억압적 국가 장치(군대, 경찰, 전경 심지어 안기부를 비롯한 정보기관)는 비합법적으로 작동할 때만 문제가 되는 것이 아니라 합법적으로 작동할 때도 지배 권력의 재생산에 기여하고, 이런 면에서 법 그 자체는 피지배 세력에 대한 또 다른 지배 권력의 폭력에 다름 아니다.[63] 합법적 폭력에 대한 용인은 '법률주의'라는 자유주의적 관념에 기반한다.

법률주의의 뿌리는 계약론이다. '만인에 대한 만인의 투쟁'으로 압축되는 홉스의 주장처럼, 자연 상태를 극복하기 위해서는 개인 간에 법적 계약을 맺어 국가라는 공적 권력을 창출해야 하고 개인들의 권리와 의무는 이 계약법에 의해 통제되어야만 한다는 것이 법률주의의 기본 논리다. 물론 자유주의적 관념도 합법적 폭력을 무제한 허용하지는 않는다. 문제는 아무도 그런 계약을 한 적이 없다는 것이다. 동등한 개인들을 무단 전제하는

---

62   그람시는 "강철의 철갑에 의해 보호되는 헤게모니"라고 정확하게 지적한다. 『옥중수고 I』, 279쪽 참조.

63   물론 법이 지배 질서의 재생산 장치라고 할지라도, 피지배 세력은 법에 투쟁의 흔적을 각인시킴으로써 지배 권력의 합법적 폭력에 그 한계를 설정할 수 있다. 이런 맥락에서 법 자체가 민주화 투쟁의 쟁점이라고 할 수 있지만, 투쟁의 흔적으로서의 법은 다시 피지배 세력의 투쟁을 체제 내화시키는 거울 효과를 야기한다. 지배와 합법적 폭력은 재생산된다. 니코스 풀란차스, 『국가, 권력, 사회주의』, 박병영 옮김, 백의, 1994 참조.

'계약'은 관념에 불과하며, 사회관계들에 내재하는 지배-피지배 권력관계를 은폐한다. 더구나 법의 제정에서 법의 해석이라는 영역으로 넘어가면 문제는 더 복잡해진다. 누가 어떻게 법을 제정하는가만이 아니라 누가 어떻게 법을 해석하는가에 따라 합법과 비합법이 구별되고 사회 구성원들의 전반적인 행위·비행위가 통제되기 때문이다.[64] 공적 권력에 의한 합법적 폭력만을 받아들여야 한다는 법률주의에 따르면 '폭력=비합법'이고 '비폭력=합법'이 된다. 법률주의를 전제로 할 경우, 어떤 혁명적 실천도 법적 테두리 내에서만 행해져야 한다. 지배적 권력관계를 재생산하는 법적 규정에 의거해서만 혁명적(?) 실천을 해야 한다면, 지배적 권력관계의 전화란 한갓 공상에 불과할 것이다. 따라서 그 의도와 무관하게, 모든 폭력을 비판하는 논리는 권력관계를 변화시키려는 실천 형태들에 재갈을 물리는 주장으로 전락하게 될 것이다.

두 번째 합리주의적 관념도 자유주의적 관념의 연속이다. 하지만 대항 폭력이 목적을 실현하기 위한 적절한 수단이 될 수 없다는 주장은 상당한 설득력을 갖고 있는 것이 사실이다. 더구나 비폭력 노선은 마하트마 간디의 민족주의, 마틴 루터 킹의

---

64 법률주의에 대한 보다 체계적인 비판으로는 안토니오 네그리·마이클 하트, 「탈근대적 법과 시민사회의 소멸」, 『디오니소스의 노동 II』, 이원영 옮김, 갈무리, 1997 참조.

반인종주의, 반전·반핵 투쟁을 비롯한 신사회운동 등의 일정한 상대적 성공 사례에 기반해 힘을 얻고 있다. 하지만 그와 같은 사례들의 성공 여부에 대한 평가는 관점에 따라 상이할 수 있다. 심지어 바뀐 것은 아무것도 없다고 말할 수도 있다. 인도의 종속성, 미국의 인종주의나 반反인권 등은 여전히 심각한 사회문제이기 때문이다. 더구나 합리주의적 논리는 '폭력=수단·도구'라는 대전제에 기초하는데, 이 대전제는 불가피하게 폭력에 대한 협소한 정의로 나아간다. 즉, '폭력=물리적 폭력'이 된다. 하지만 폭력은 단순히 물리적 수단이나 도구가 아니다. 현대사회에서 폭력은 사회관계에 구조적으로 내재돼 있기 때문이다. 폭력 자체가 사회 재생산의 구조이자 조건인 셈이다.

마르크스는 자본주의적 생산과정에서 잉여노동의 착취와 잉여가치의 전유가 발생한다는 것을 체계적으로 논증한다. 폭력이 없다면 착취와 전유는 불가능하다. 자본주의적 생산양식 자체가 '원시적 축적'이라는 거대한 폭력의 효과로서 확립되었을 뿐만 아니라, 봉건적인 경제 외적 착취의 소멸에도 불구하고 잉여노동·잉여가치의 착취·전유가 가능하려면 '공장에서의 전제'를 비롯한 훈육이 필요하고, 상대적 과잉인구를 조절해 해고·실업의 위험을 존속시켜야 할 뿐만 아니라, 화폐량을 통제해 임금 인상에 따른 이윤의 하락을 인플레이션으로 상쇄시키면서 더 나아가 비노동시간에 대한 지배까지 수행되어야 한다. 이 과정들이 자본주의적 생산관계에 내재된 구조적 폭력이며,

이 때문에 노동자계급은 지속적으로 삶에 대한 다양한 위험에 직면할 수밖에 없다. 이런 의미에서 알튀세르는 계급투쟁이 자본가계급에 의해 시작된다고 강조하고 있는 것이다.[65]

구조화된 폭력은 여기서 그치지 않는다. 사회적 관계는 경제적 관계 외에도 정치적·이데올로기적 관계에 의해 중층 결정돼 있기 때문이다. 경제적 관계는 정치적·이데올로기적 관계와 장치들에 의해 보증되고 그 역도 마찬가지다. 알튀세르가 정당, 매스미디어, 학교, 교회, 심지어 가족까지 이데올로기적 국가 장치로 보는 것도 구조화된 폭력에 대한 고민의 반영이라고 할 수 있을 것이다.[66]

하지만 굳이 국가 장치로 개념화하지 않더라도 부르디외가 제안하듯이 상징 폭력이라는 구조화된 폭력이 지배적 사회관계 속에 존재한다는 것은 명백하다. 부르디외에 따르면, 지배-권력관계의 재생산에 직접적인 폭력이 이용되지만, 이것만으로는 불충분하며, 행위자의 인식 및 지각 구조를 지배하고 인위적인 위계질서를 자연스러운 것으로 오인méconnaissance하게 만드는 메커니즘을 통해 기존 질서를 정당한 것으로 승인시키는 상징 투쟁이 필요하다. 이때 지배-권력관계를 정당화시키는 오인 메

---

65 루이 알튀세르, 『아미엥에서의 주장』, 김동수 옮김, 솔, 1991 참조.

66 루이 알튀세르, 「이데올로기와 이데올로기적 국가 장치」, 같은 책 참조.

커니즘이 상징 폭력이다.[67] 구조화된 폭력이 여기서 그친다면 오히려 다행일 것이다. 최근에 발리바르는 이와 같이 현대사회의 조건으로 내재화된 폭력 양식들이 초민족적 금융자본의 지구화와 더불어 초객관적이고 초주체적인 폭력으로 확장되고 있다고 강조한다. 요컨대 "사회적 원인들(그리고 경제적 원인들)이 분명 없지는 않은 대량의 폭력에 사회적 주체가 없는" 폭력의 초객관적 형태들이 나타날 뿐만 아니라, 이런 주체 없는 폭력 형태가 그 이면에서 "정치적인 것의 퇴조, 그것의 무용함과 무능함"에 대한 인식으로 전도됨으로써 더욱 무력하고 고립화된 개인주의라는 초주체적 성격으로 현상하고 있다는 것이다.[68]

이렇게 세계 체제에 내재된 폭력 형태들에 비폭력으로 대응해야 하고, 할 수 있다는 주장은 목적-수단의 논리에 따르더라도 명백하게 불합리한 것처럼 보인다. 네그리와 하트는 비폭력을 수단으로 하는 실천 형태들이 테러리즘의 거울 이미지에 불과하다고 비판한다.[69]

우선 투쟁 형식의 측면에서 비폭력과 테러리즘은 미디어적

---

67   이상호, 「부르디외의 새로운 사회이론: '하비투스'와 '상징 질서'를 중심으로」, 『언론과 사회』(5호), 1994년 가을 참조.

68   에티엔 발리바르, 「반폭력과 '인권의 정치'」, 『마르크스의 철학, 마르크스의 정치』, 문화과학사, 1995, 197-199쪽 참조.

69   안토니오 네그리·마이클 하트, 「제헌적 권능의 잠재력들」, 『디오니소스의 노동 II』 참조.

폭로를 필요로 한다. 비폭력과 테러리즘은 미디어적 폭로를 통해 희생을 보여 줌으로써 공적 지지·비난을 불러일으키려고 한다. 따라서 이런 투쟁은 미디어 폭로를 박탈당하면 대부분 완전히 무용해진다. 더구나 미디어 자체가 자본에 의해 지배·통제되는 조건 속에서, 미디어적 폭로에 의존하는 비폭력적 행위가 효과적인 수단일 수는 없다. 투쟁 내용의 측면에서도 마찬가지다. 비폭력 행동이 희생자들의 무無권력을 재현해 자신들의 도덕적 역량을 보여 주려 한다면, 테러리즘은 역으로 국가권력의 무력함을 재현해 자신들의 물리적 역량을 보여 주려고 한다. 여기서 문제는 대중의 역량이 도덕적 역량·물리적 역량으로 환원된다는 점이다. 하지만 대중의 역량은 도덕적·물리적 역량으로 협소하게 환원될 수 없다. 네그리에 따르면 대중의 역량이란, 지배·통제 권력에 대립해 구성 권력을 만들어 내는, 대중 자체에 내재적인 생산·생성의 힘이다.[70] 그렇다면 대중투쟁에서 중요한 것은, 비폭력 노선처럼 단순히 도덕적 반작용을 이끌어 내는 것이 아니라, "대중이 행정을 재전유하는 과정의 활성화, 그리고 정치적 생산성"의 발전·발견, 그리고 "그 전유를 통한 공동체의 구성"을 통해 대중 자신의 권력을 구성하는 것이다.[71]

---

70 Antonio Negri, "Interpretation of the Class Situation Today: Metho-dological Aspects," *Open Marxism II*, Pluto Press, 1992 참조.

71 「네그리와의 대담」, 박기순 옮김, 『비판』 1997년 창간호, 107-108쪽 참조.

이런 맥락에서 대중의 역량을 도덕적 역량으로 환원해 버리는 비폭력 노선은, 역으로 진정한 대중의 역량·힘을 폭력과 동일시하거나 폭력으로 환원하는 오류를 범하고 있는 셈이다.

막대기를 구부리기 위해, 오히려 네그리는 벤야민의 논리를 따라 대중의 역량을 '신성한 폭력'으로 규정한다. 벤야민은 폭력을 법 수호적 폭력(기존의 법을 유지하기 위한 폭력)과 법 형성적 폭력(새로운 법을 제기하는 폭력)으로 구분하는데, 이와 같이 법의 유지 또는 변화를 목표로 하는 폭력은 결국 법에 의한 지배를 전제함으로써 지배 권력관계를 재생산하는 신화적 폭력에 불과하다고 비판한다. 법을 변화시킴으로써 지배 권력관계를 변화시킬 수 있다고 믿고 있기 때문에 그것은 신화적이다. 이와 다르게 법과의 연관 자체를 거부하는 혁명적 폭력을 벤야민은 '신성한 폭력'이라고 부른다.[72] 즉, 지배 권력의 관점에서 대중의 역량은 폭력이지만, 구성 권력의 관점에서 폭력은 신성한 것이며, 따라서 이미 폭력이 아니다.

이상의 비판적 논점들은 다음과 같이 정리할 수 있다. 첫째, 지배 권력을 위한 폭력이나 대중의 저항적·방어적 폭력 등과 같이 폭력의 차별적 형태들을 구별해야 한다. 둘째, 법률주의처럼 '비폭력=합법'이고 '폭력=비합법'의 방식으로 폭력의

---

72   안토니오 네그리·마이클 하트, 『디오니소스의 노동 II』, 186-188쪽 참조.

경계를 설정하려는 시도는 무의미하다. 셋째, 폭력은 단순히 물리적 수단으로 이해할 수 없으며 이미 사회적 재생산의 내재적 조건으로 작동하고 있다. 넷째, 그 자체 지배 권력의 일부인 미디어 권력에 의지하는 투쟁은 실질적인 사회적 관계의 전화에 무용하다. 마지막으로 대중의 역량을 폭력과 동일시해서는 안 된다는 것이다. 이로부터 하나의 결론이 도출될 수 있다. 요컨대 지배적 권력 질서의 전화를 위한 투쟁에서 선험적으로 특정한 형태의 실천만을 수용하거나 배제해서는 안 되며, 각각의 정세와 관련해 가능한 모든 형태의 실천에 개방적이어야 한다는 것이다.

3. 대중의 양면성

그러나 문제는 여기서 끝나지 않는다. 대중운동의 실천 형태가 갖고 있는 미시적인 불확정성은 역으로 대중운동을 곤란에 빠뜨리기 때문이다. 우선 그것은 지배 세력에게 대중운동을 와해시킬 수 있는 유용한 자원이 된다. 1991년 5월 투쟁에서도 마찬가지였다. 유서 대필 사건과 밀가루와 계란이 폭력이 되었던 외대 사건이 그 결정체였다. 하지만 이것을 지배 세력에 의한 대중조작이었다고 설명하는 것으로는 부족하다. 당시 대중은 지배 세력에 의한 이 같은 이데올로기적 조작을 받아들이거나 적어도 묵인했기 때문이다.

1991년 5월 투쟁의 대중이 이데올로기적 권력 장치들의 실천 효과에 의해 허위의식을 내면화했다고 말하는 것으로도 불충분하다. 이데올로기는 환상이나 허구, 허위의식이 아니기 때문이다. 이데올로기는 '상징의 상상화'로서, 현실적 체험에 기반해 구성되는 집단적 상징들이 특정한 의미 방향sens으로 재구성되어 개인들에게 상상화된 정체성으로 내면화된 것이다. 내면화된 정체성은 현실에 대한 개인들의 해석을 지배하고 행위, 실천을 이끌어 낸다. 이 때문에 이데올로기는 단순한 관념이 아니라 현실성과 물질성을 가진다. 이 과정에서 이데올로기적 권력 장치들은 집단적 상징들을 재구성해 특정한 의미 방향으로 고정시키고, 이를 통해 개인들을 호명한다. 호명은 억압적 국가 장치들 또는 강제와 훈육 장치들의 실천과 결합해 재구성된 집단적 상징들을 개인들에게 정체성으로 내면화시킨다.[73]

물론 이처럼 '실재 – 상징 – 상상'으로 이어지는 이데올로기의 작동 과정이 일괴암적으로 진행되는 것은 아니다. 오히려 그 과정들 자체가 갈등과 투쟁의 쟁점을 구성한다. 첫째, 실재에

---

[73] 루이 알튀세르, 「이데올로기와 이데올로기적 국가 장치」, 같은 책; 에티엔 발리바르, 「비동시대성: 정치와 이데올로기」, 윤소영 옮김, 『알튀세르와 마르크스주의의 전화』; 에티엔 발리바르, 「이데올로기 또는 물신숭배: 권력과 주체화」, 『마르크스의 철학, 마르크스의 정치』, 윤소영 옮김, 문화과학사, 1995 참조.

대한 대중의 체험된 경험을 특정한 의미 방향으로 변형시켜 집단적 상징들을 재구성하는 과정은 이미 이데올로기적 호명의 잠재적 모순을 드러낸다. 대중의 체험된 경험에 기반하는 상징들과 호명을 위해 재구성된 집단적 상징들은 언제나 분리될 수 있고, 심지어 대중이 재구성된 집단적 상징들을 "곧이곧대로 믿고 …… 그 결과들을 도출하기 위해 집단적으로 시도한다면, 그들은 더 이상 기존 질서를 인정하지 않고 그것에 반대하여 반역"하게 될 것이기 때문이다.[74] 둘째, 이데올로기적 권력 장치들의 복수성에서 비롯하는 호명의 복수성은 정체성의 불확정성을 예비한다. 상징에서 상상으로의 전이는 불확정적 경향으로 나타난다.[75] 이 때문에 이데올로기적 권력 장치의 호명을 내면화하기 위해서는 억압적 국가 장치들을 중심으로 하는 억압, 강제, 훈육이 동반돼야만 한다. 셋째, 상상된 집단적 상징으로서 이데올로기는 현실성과 물질성을 가지는 상상적 관계를 구성하지만, 현실적인 관계에서 비롯하는 모순으로 인해 '순수한' 상상적 관계의 불가능성이 나타난다. 이렇게 상징과 실재의 항상적인 분리

---

74 에티엔 발리바르, 「비동시대성」, 같은 책, 187쪽.

75 예를 들어 상징의 상상화 과정에서 정체화identification로 포괄되지 않는 반정체화counter-identification나 탈정체화disidentification가 발생하기도 한다. 미셸 페쇠, 「이데올로기에 대한 두 가지 성찰」, 『알튀세르와 마르크스주의의 전화』; 김수정, 『L. Althusser의 이데올로기론의 성립과 발전 과정에 대한 일고찰』, 서울대 사회학 석사 학위 논문, 1991 참조.

표 7　이데올로기 작동 과정의 모순과 갈등의 지점들

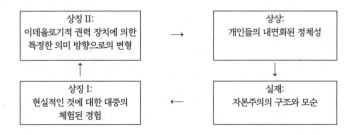

는 오히려 이데올로기적 권력 장치들 자체를 갈등과 투쟁의 장소로 만들고 이데올로기적 권력 장치들을 갈등과 투쟁 속에서만 작동할 수 있게 한다. 상징 자체가 갈등적 쟁점défférend이 되는 것이다. 이데올로기 작동 과정에 내재돼 있는 모순과 갈등은 '실재-상징-상상'의 항상적인 어긋남을 유발한다.[76]

　이상의 논점을 〈표 7〉과 같이 도식화할 수 있다. 이 도식이 보여 주는 것은, 대중운동 속에서 대중은 자유민주주의 또는 공

76　'실재-상징-상상'이라는 R-S-I 도식은 후기 라캉의 개념이다. 하지만 라캉의 개념화는 기의에 대한 기표 우위에 입각해, 현실적인 것을 칸트적인 물자체 또는 허구로 규정하고, 상징적인 것을 문자언어로만 절대화함으로써, 상징 자체가 갈등적 쟁점이라는 것을 인식하지 못한다. 라캉 비판과 R-S-I 셰마의 새로운 재구성에 대해서는 피에르 마슈레·에티엔 발리바르, 「라캉과 철학: 주체성과 상징성의 이론이라는 쟁점」, 『알튀세르와 라캉』, 윤소영 편역, 공감, 1996; 윤소영, 「프로이트와 라캉」, 『알튀세르의 현재성』, 공감, 1997 참조.

산주의 같은 어떤 특정한 정치 이데올로기를 가지고 투쟁하지 않는다는 것이다. 투쟁은 어긋나는 이데올로기적 과정 속에서 발생한다. 모순과 갈등이 나타나는 이데올로기의 작동 과정에서 현실을 해석하고, 갈등을 인식하고, 그것을 이렇게 저렇게 해결하고자 하는 집합 심성, 공통 관념이 만들어지고, 이것이 특정한 정세적 조건 속에서 폭발적인 대중운동으로 연결되는 것이다. 1991년 5월 투쟁 속에서 그 연결 고리는 죽음과 폭력이었다.

대중운동이 대항 이데올로기를 통해서 발생하는 것이 아니라면, 마찬가지로 지배 이데올로기에 의해서 그것이 소멸하는 것도 아니다. 대항 이데올로기와 지배 이데올로기는 부분적인 결정 요소에 지나지 않는다.

따라서 엄밀히 말하면, 1991년 5월 투쟁의 대중이 지배 세력의 이데올로기적 조작을 받아들였거나 묵인했던 것만은 아니었다. 오히려 지배 세력에 의해 생산된 유서 대필 사건과 외대 사건의 효과들은 대중의 집합 심성과 공통 관념에 대한 지배 세력의 답변이었다. 그것은 대중이 직접적으로 체험한 경험에 기반을 둔 죽음과 폭력이라는 집단적 상징을 일정한 의미 방향으로 고정시키는 것이었다.[77]

77　이런 맥락에서 발리바르는 지배 이데올로기가 지배자의 이데올로기가 아니라 반대로

1991년 5월 투쟁의 거의 유일한 언어는 죽음과 폭력이었다. 죽음과 폭력은 1991년 5월 투쟁의 언어였으며, 그것을 가능하게 했던 집단적 상징이었다. 그러나 동시에 죽음과 폭력은 1991년 5월 투쟁의 소멸을 가속화하는 언어였다. 지배 세력이 유서 대필 사건과 외대 사건을 조작·가공할 수 있게 했으며, 그로부터 사회운동 세력과 대중을 효과적으로 분리할 수 있었던 것도 죽음과 폭력이었다.

다시 말해서 죽음과 폭력에 대한 대중의 태도는 명백히 양면적이었다. 발리바르는 이런 양면성, 폭력에 대한 대중의 양면성을 '대중들의 공포'로 개념화하고 있다. 대중의 공포는 이중적 의미에서 대중이 경험하는 공포이자 대중이 불러일으키는 공포이다.

대중들의 공포는 소유격의 이중적인 의미, 곧 주격적 소유격과 목적격적 소유격으로 이해해야 한다. 이는 대중들이 느끼는 공포다. 하지만 이는 또한 대중들이 통치 또는 정치적 행동의 위치에 있는 사람들, 곧 국가 그 자체로 하여금 느끼게 만드는 공포이기도 하다. 따라서 국가의 구성 또는 개혁이라는 문제는 대중들 및 대중

피지배 대중의 이데올로기라고 말한다. 지배 이데올로기는 피지배 대중의 체험된 경험에 기반해 이를 가공한 '상상의 특수한 보편화'라고 할 수 있다. 에티엔 발리바르, 「비동시대성: 정치와 이데올로기」, 같은 책, 186쪽 참조.

운동의 역량의 요소 안에서 생겨나기 때문에 처음부터 이러한 공포의 요소 안에서 제기된다. …… 대중들은 자연적 힘들에 의해 또는 그들이 겪는 폭력에 의해 위협받으면 받을수록 더욱 무섭고 통제할 수 없어지며, 역으로 독재 권력이 대중들 앞에서 자신이 무력해진다고 은밀하게 느낄수록 폭력은 더욱더 무절제해진다.[78]

대중은 자신을 위협하는 폭력으로부터 공포를 경험하고 그 폭력을 제거하기 위해 봉기한다. 그러나 봉기한 대중은 대중운동 과정에서 발생하는 폭력에 직면해 "더욱 무섭고 통제할 수 없어"진다. 폭력을 제거하기 위한 대중운동이 폭력을 불러일으키고, 그 속에서 대중은 또 다른 공포를 경험한다. 그리고 이번에는 스스로가 불러일으키는 공포를 완화·경감하기 위해 대중운동 이전의 상태로 모든 것을 되돌리고자 한다.

이런 논의는 1991년 5월 투쟁의 대중이 지배 세력에 의한 이데올로기적 조작을 받아들였거나 묵인했던 이유를 설명하는 데 유용할 수 있다. 1991년 5월 투쟁의 대중은 죽음과 폭력을 제거하기 위해 봉기했다. 강경대 사건과 학생들의 분신은 그 촉매였다. 그러나 연속적인 분신, 빈민, 노동자 등 알 수 없는 사람들의 계속되는 분신은 대중에게 공포를 불러일으켰고, 대중

---

78 에티엔 발리바르, 「스피노자, 반오웰: 대중들의 공포」, 같은 책, 152-153쪽.

은 이 통제 불능의 상황이 다시 통제 가능한 상황으로 전환되기를 욕망하기 시작했던 것이다.

1991년 5월 투쟁 속에서 일시적으로 분출했던 생존권적인 요구들과 대안적 공동체에 대한 논의들은 통제 불능의 상황에 새로운 질서를 부여할 수 있는 하나의 대안이었다. 그것은 대중이 불러일으키는 공포를 완화·경감할 수 있는 하나의 사회적 방향이었다. 그러나 이런 사회적 방향은 범국민대책회의를 통해서 수용되지 못했고, 5월 투쟁 내내 소수적 흐름으로만 존재했다. 그것은 사회적 힘을 획득하는 데 실패했다. 이와는 반대로 지배 세력이 이끌어 가는 사회적 방향은 내부 균열의 봉합을 통해 명확한 통일성을 획득했다. 내각제 개헌 문제가 종결되고 지배 세력의 내부적 분열이 봉합되면서 억압적 국가 장치들과 이데올로기적 권력 장치들은 통일적으로 강제와 담론을 결합해 유서 대필 사건과 외대 사건을 생산했다. 강기훈과 일부학생들은 그 희생양이었다.

희생양에 대해 지라르는 다음과 같이 적고 있다.

이 세계의 권력은 비대칭적인 두 개의 세력으로 나누어져 있는데, 하나는 법적 권력기관이며 다른 하나는 군중이다. 평상시에는 전자가 후자보다 힘이 세지만 위기시에는 그 반대가 된다. 위기시에 군중은 힘이 세진다. 그뿐 아니다. 겉으로 보기에 아주 단단한 권력기관이 거기서 융해되어 나오는 하나의 도가니가 되는 것이 바로 군중이다. 이 융해 과정은 희생양, 즉 성스러움의 매개를 통해서 권력기관이 재주조되는 것을 보장해 주고 있다.[79]

그는 위협받던 사회적 질서가 다시 재건되는 과정에는 항상 희생양 메커니즘이 존재한다고 주장한다. 희생양 메커니즘은 "① 폭력이 실재했으며 ② 위기도 실재했고 ③ 그 희생물들이 선택된 것은 집단이 비난하는 범죄 때문이 아니라 그들이 갖고 있던 희생물의 징후, 즉 그들이 위기에 대해 혐의가 있다는 관련성을 암시하고 있었기 때문이며 ④ 그 위기의 책임을 그 희생물에 씌워서 그 희생물을 없애거나 아니면 적어도 그가 '오염시키는' 공동체에서 추방시킴으로써 그 위기를 벗어나고자 하는 것"이라고 요약할 수 있다.[80]

지배 세력은 사회적 위기를 극복하고 기존의 권력 질서를 재건하기 위해 희생양을 만들어 냈다. 희생양이라는 말은 "희생물의 무고함과 함께 희생물에 대한 집단 폭력의 집중과 이 집중의 집단적 결과를 동시에 가리"킨다.[81] 희생양이 선택된 것은 그들이 위기에 대해 혐의가 있다는 관련성 때문이었다. 그리고

---

79 르네 지라르, 『희생양』, 김진식 옮김, 민음사, 1998, 199쪽. 지라르에 대한 개괄적인 소개로는 김현, 『르네 지라르 혹은 폭력의 구조』, 나남, 1987 참조.

80 르네 지라르, 같은 책, 44-45쪽.

81 르네 지라르, 같은 책, 73쪽.

1991년 5월 투쟁의 대중은 이런 희생양의 집단효과에 가담했다. 희생양을 통해 사회적 위기를 극복하려는 대중의 암묵적인 동의 또는 적극적인 지지가 존재했던 것이다.

이렇게 1991년 5월 투쟁은 실패했다. 5월 투쟁은 대중의 생존권적 위험, 즉 제1균열을 해결하지 못하고 소멸했다. 동시에 5월 투쟁은 성공이었다. 5월 투쟁은 노재봉 내각을 사퇴시키고, 노태우 정권으로 하여금 내각제 개헌을 포기하도록 만들었다. 즉, 제2균열은 소멸되었고, 따라서 민자당의 온건파, 야당, 사회운동 세력 주류에게 5월 투쟁은 성공이었다.

하지만 1991년 5월 투쟁은 민중적 사회운동 세력에게 계속되는 재앙을 안겨 주었다. 범국민대책회의 지도부에 대한 수배·구속과 학생운동권에 대한 탄압을 시작으로 노태우 정권의 민중적 사회운동 세력에 대한 선별적인 대탄압은 더욱 강화되었다. 더구나 5월 투쟁 이후 민중적 사회운동 세력의 대중적 헤게모니는 결정적으로 약화되었다. 이것은 민중적 사회운동 주류 세력의 전략적 오류와도 무관하지 않았다. 1992년 대선을 위해, 그리고 광역 의회 선거를 위해 5월 투쟁을 선도적으로 정리했던 사회운동 주류 세력의 전략은 광역 의회 선거와 1992년 대선의 패배라는 역설적인 결과를 초래했다. 향후 진로를 모색하면서 범국민대책회의는 1987년 6월항쟁을 바탕으로 건설되었던 전국민족민주운동연합(전민련)과 1990년 4월 한시적인 공동 투쟁체로 결성된 '민자당 일당독재 분쇄와 민중 기본권 쟁

취 국민연합'(국민연합)을 통합해, 1991년 12월 부문별 대중조
직들의 상설적 연대 조직으로 '민주주의 민족통일 전국연합'(전
국연합)을 결성했지만,[82] 여전히 김대중 비판적 지지 세력에 의
해 주도되었고, 따라서 '대중 연대 투쟁'보다는 '민주 대연합'에
치중함으로써 1992년 대선에서도 선거를 위한 대중 동원 기구
로 전락했다.[83] 민중당 역시 1991년 1월 건설된 한국노동당과
통합했지만, 1992년 3·24총선의 패배로 해체되었다. 그 결과
소위 재야인사의 대부분이 기존 정당으로 흡수되었고, 1970년
대 이후 민주화 투쟁의 상징 세력이었던 재야는 명맥도 유지할
수 없는 상황에 처하게 되었다.

---

82 전국노동조합협의회 백서발간위원회, 「상설 연합 건설」, 『전국노동조합협의회 1991
백서 3: 죽음으로 사수한다! 전노협』, 1997 참조.

83 김세균, 「민중운동의 현재적 위치와 전망」, 『이론 7호』, 1993년 겨울, 128-129쪽 참조.

4장

수수께끼를 향하여

사회 속에는 수많은 사람들이 있다. 그들은 대부분 다른 생각을 하고 있고, 다른 일을 하고 있으며, 다른 생활을 한다. 그리고 그만큼 서로가 다르다고 여긴다. 그러나 어떤 시공간 속에서 그 많은 사람들은 같은 생각을 하고, 같은 행동을 할 수 있다. 다른 사람들이 함께 모일 수 있고, 서로가 동일하다고 여길 수 있다. 그것이 이루어지는 것은 짧은 시간일 수도 있지만 비교적 긴 시간일 수도 있으며, 작은 공간일 수도 있고, 아주 넓은 공간일 수도 있다. 그리고 그때, 그곳에서, 그들은 어떤 힘을 갖는다. 그 힘은 사회를 변화시킬 수도 있으며, 심지어 해체할 수도 있다. 그러나 그 막강한 힘은 종종 예측할 수 없는 방향으로 나아간다. 그리고 그런 시공간이 지나가면, 사람들은 다시 다른 생각을 하고, 다른 일을 하고, 다른 생활을 한다.

다소 추상적인 언술이지만, 이 글은 이런 수수께끼 같은 사회적 현상을 해석하고 설명하려는 실험이었다.

1991년 5월 투쟁

1991년 5월 투쟁은 1987년 6월항쟁 이후 반전되었던 정치사회적 힘 관계가 재반전되는 결절점이었으며, 이렇게 재역전된 힘 관계는 1992년 대선을 거치면서 일정하게 응고했다.

1987년 6월항쟁 이후 대중의 생활 조건은 점차 개선되었고, 정치적 민주화에 대한 열망도 높아 갔지만, 1989년 공안 통치와 1990년 3당 합당을 기점으로 1990~91년 대중의 생활 조건은 급격하게 악화되었고, 민주적 과제들은 변형되거나 유보되었다. 1991년 5월 투쟁은 이런 경제적·정치적 배경 속에서 발발했다. 그러나 그 직접적인 촉매가 되었던 것은 강경대 사건과 잇따른 분신이었다. 한국의 민주화 과정 속에서, 죽음과 분신은 대중의 도덕적 분노와 힘의 결집을 이끌어 낼 수 있는 독특한 집단적 상징이었다.

1991년 5월 투쟁은 그 초기부터 '제2의 6월항쟁'이라는 표현을 획득하면서 6공화국 이후 최대 규모의 집회·시위를 연속적으로 엮어 냈다. 이렇게 열린 공간 속에서 대중은 자신의 생존권적 위험들이 완화되거나 제거되기를 요구하기 시작했고, 이것이 5월 투쟁의 주요 균열 지점을 형성해 갔다. 하지만 5월 투쟁의 균열 지점은 복합적이었다. 대중의 생존권적 위험이 하나의 균열 지점(제1균열)이었다면, 노재봉 내각을 연결 고리로 하는 '공안 통치-내각제-차기 권력 계승'을 둘러싼 갈등은 또 하나의 균열 지점(제2균열)을 구성하고 있었다.

　이런 복합적인 균열 지점은 대중투쟁의 확산, 민자당의 내부적 갈등, 야당의 장외투쟁 선언 등으로 나타났고, 결국 노태우 정권은 내각을 개편하고, 공식적으로 내각제 포기를 선언함으로써 제2균열을 소멸시켰다. 하지만 제1균열은 소멸하지 않았다. 노태우 대통령은 '5·28 민심 수습 대책'을 발표했지만, 그것은 실천으로 연결되지 않는 언어에 불과했다. 오히려 노태우 정권은 사회운동 세력에 대한 물리적 탄압을 강화하고, 광역의회 선거로의 국면 전환을 통해 제1균열을 우회하고자 했다. 하지만 5월 투쟁의 소멸을 직접적으로 촉발했던 것은 유서 대필 사건과 외대 사건이었다. 이 사건들은 억압적 국가 장치들과 이데올로기적 권력 장치들이 결합해 나타난 실천 효과였다.

　1991년 5월 투쟁을 촉발했던 것이 죽음과 폭력이었던 것처럼, 이렇게 그 소멸을 촉발했던 것도 죽음과 폭력이었다. 5월 투쟁 속에서 죽음과 폭력은 현실의 갈등과 대립을 인식하고 해석하는 거의 유일한 언어였다. 투쟁이 확산되자 짧은 기간 동안 대중의 생존권적 요구가 분출했고, 대안적 공동체에 대한 논의들이 시작되었지만, 범국민대책회의를 통해서 수용되지 못했고, 5월 투쟁 내내 소수적 흐름으로만 존재했다. 그것은 사회적 힘을 획득하는 데 실패했으며, 죽음과 폭력의 언어를 대체하지 못했다.

　동시에 죽음과 폭력은 그 자체로 갈등적 쟁점이었다. 다양한 사회·정치 세력들은 '죽음과 폭력'에 대립적인 의미를 부여했다. 갈등과 대립 속에서 의미는 고정되지 않고 계속해서 미끄러졌다. 그러나 유서 대필 사건과 외대 사건을 경과하면서 그 의미는 급속하게 고정되었다. 하지만 그 의미 계열은 5월 투쟁 초기와는 전혀 상이했다. 투쟁 초기에 죽음과 폭력이 노태우 정권의 폭력성으로 계열화되어 갔다면, 이제 죽음과 폭력은 사회운동 세력의 폭력성으로 계열화되었다. 죽음과 폭력이 전 시기에 걸쳐 주요 언어였다는 사실은 1991년 5월 투쟁의 재앙이었다. 그것은 5월 투쟁을 촉발했지만, 또한 5월 투쟁을 소멸시키는 기폭제가 되었다.

물론 그것은 억압적 국가 장치들과 이데올로기적 권력 장치들의 결합된 실천 효과였다. 하지만 문제는 여기서 끝나지 않는다. 당시 대중은 지배 세력에 의한 이데올로기적 조작을 받아들였거나 적어도 묵인했기 때문이다. 죽음과 폭력에 대한 대중의 태도는 명백히 양면적이었다. 1991년 5월 투쟁의 대중은 죽음과 폭력으로부터 분노와 공포를 경험하고 그것을 제거하기 위해 봉기했지만, 연속적인 분신, 빈민, 노동자 등 '알 수 없는 사람들'의 계속되는 분신은 대중에게 공포를 불러일으켰고, 이제 대중은 이 통제 불가능한 상황을 다시 통제 가능한 상황으로 되돌리고자 했다. 지배 세력은 위협받던 사회적 위기를 극복하고 기존의 권력 질서를 재건하기 위해 유서 대필 사건과 외대 사건을 생산해 희생양을 만들어 냈다. 그리고 1991년 5월 투쟁의 대중은 이 같은 희생양의 집단효과에 암묵적으로 동조했다.

세 가지 이론적 쟁점

이상의 분석 과정에서 추출되었던 이론적 쟁점은 크게 세 가지였다. 첫째, 대중의 개념화. 1991년 5월 투쟁은 계급 운동, 민중운동, 시민운동, 시민사회의 저항 등으로 상이하게 규정되고 있지만, 민중·계급·시민 개념은 모두 대중에 대한 제한적인 정의만을 가지고 있었다. 민중·계급 개념은 경제결정론과 계급투쟁 환원론이라는 이론 내적인 한계를 가지고 있으며, 시민 개념은 대중을 가로지르는 다양한 보편적 적대들(계급·성·인종 등)을 사고하지 못하는 인식론적 장애물을 구축하고 있다. 따라서 이런 한계들을 극복하기 위해서 대중 개념의 재발견이라는 문제를 설정했다. 이것은 대중을 경제적·정치적·이데올로기적 관계의 총체ensemble로 개념화해야 한다는 문제의식으로부터 출발한다. 그러나 사회구성체론과 시민사회론을 탈피해, 이런 총체적인 개념화를 가능하게 할 수 있는 새로운 사회 분석 방법론을 제출하지는 못했다. 다만 mass·masses라는 대중 개념의 차별성에 착안해 대중의 구성성과 봉기성을 개념화하고자 했으며, 이것은 사회에 의해 구성되고 사회를 구성하는 대중이 사회를 변화, 해체, 재구성하는 대중으로 전환되는 이유와 조건을 분석해야 한다는 문제틀로 연결되었다.

둘째, 대중운동의 문제틀. 이상의 문제의식을 르페브르, 로자, 스피노자를 경유해 보다 명료하게 만들고자 했다. 르페브르는 일상생활로부터 형성되는 대중의 집합 심성, 로자는 정치사회적 관계로부터 형성되는 자발성, 스피노자는 교통에 의해 형성되는 대중의 역량을 이야기하고 있다. 그리고 이런 논의들에 의거해, 대중의 봉기성을 다양한 사회적 관계들을 통해 형성되는 대중의 내재적 경향으로 개념화했다. 대중운동은 이런 내재적 경향이 특정한 조건 속에서 폭발적으로 표출되어 나타나는 운동이다. 이것은 대중이 사회를 변화, 해체, 재구성한다면, 그것은 이미 대중 속에 잠재돼 있는 내재적인 힘 때문이라는 함의를 가진다. 하지만 르페브르, 로자, 스피노자의 논의들은 정치철학적 수준에 머물고 있기 때문에, 대중의 내재적인 힘을 구체적으로 분석하기 위해서는 보다 많은 연구가 필요할 것이다. 다만 이런 문제틀을 밑그림으로 하여, 1991년 5월 투쟁 속에서 대중의 봉기성이 폭발적으로 나타났다가 급작스럽게 소멸했던 이유와 조건을 규명하고자 했다.

셋째, 폭력과 비폭력. 대중운동의 폭력성에 대한 비판은 대중운동 자체를 거부하는 주요 담론으로 작용하고 있으며, 또한 이에 대한 단순한 거울반사는 비폭력에 대한 일방적인 옹호로 나타나고 있다. 1991년 5월 투쟁에서도 폭력·비폭력 논쟁은 예외 없이 나타났다. 따라서 우선 폭력·비폭력의 논리 구조를 해체해, 폭력 비판을 통해 대중운동을 거부하거나 비폭력 옹호를 통해 대중운동을 구제하려는 시도의 한계들을 재조정하고자 했다. 대중운동의 실천 형태는 폭력성으로 환원될 수 없으며, 마찬가지로 비폭력의 틀로 협소화될 수도 없는, 가장 불확정적인 역사적 개방성을 보여 준다. 하지만 이런 불확정성은 대중운동의 딜레마였다. 그것은 지배 세력이 대중운동을 와해시킬 수 있는 유용한 자원이었으며, 동시에 대중 속에서도 양면적인 효과를 야기했다. 대중의 봉기성이 드러나는 대중운동은 역으로 대중 자신에게 공포를 불러일으켰다. 실천 형태의 불확정성, 통제되지 않고 예측할 수 없는 상황에 직면하자 대중은 모든 것을 대중운동 이전의 상태로 되돌리려는 경향을 나타냈다. 이것은 대중운동이 반드시 진보로 귀결하지는 않는다는 사실을 보여 주는 현상이다. 그러나 이런 대중운동의 딜레마를 해결할 수 있는 대안을 마련하지는 못했다.

수수께끼를 향하여

이상의 이론적 논의들과 한계들은 앞으로 더 많은 연구를 통해 극복돼야 할 것이다. 여전히 대중운동은 많은 부분, 이해할 수 없는 수수께끼로 남아 있기 때문이다.

마르크스는 자본주의를 분석하면서 "자본주의적 생산의 진정한 한계는 자본 그 자체"(『자본론 3권』)라고 말한다. 하지만 동시에 자본주의의 "어떤 한계도 극복될 수 있는 제약으로 현상한다"(『그룬트리세』)라고 명기한다. 마르크스주의에 관한 저술이 자신의 마지막 글쓰기가 될 것이라고 예고했던 들뢰즈가 이미 강조했던 것도 이런 자본 운동의 변증법이었다. "마르크스에게서 가장 흥미 있는 것은 자본주의를 내재적 체계로서 분석하고 있다는 점입니다. 스스로의 한계를 계속 밀어붙이면서도 다음 단계에서 여전히 그 한계와 마주치게 되는 그런 체계라고 말입니다. 그 한계란 자본 그 자체이기 때문이지요"(『대담: 1972~1990』, 솔, 1993).

그렇다면 탈자본주의는 어떻게 가능한 것일까? 자본 그 자체가 자본의 한계지만, 자본 스스로 항상 자신의 한계를 끝없이 밀고 나간다면, 탈자본주의로의 이행은 어떻게 가능할 수 있을까? 어쩌면 그것을 가능하게 하는 것은 예측할 수 없는 시공간에서 폭발적으로 발생하는 대중운동, 바로 그 시공간에서 폭발적으로 확장하는 대중의 역량이 아닐까? 그러므로 '전망 없는 시대', 발견할 수 있을 모든 전망과 대안은 대중운동의 수수께끼 속에 숨어 있는 것은 아닐까? 그 수수께끼가 이론적으로 번역될 수 있다면, 그만큼 탈자본주의로의 이행 경로도 보다 투명해지지 않을까?

하지만 지금도 예측할 수 없는 시공간에서 폭발적으로 발생하고 소멸하는 대중운동은 지식이나 이론을 비웃고 있는 것처럼 느껴진다. 그러나 현실의 역사가 끝없는 이야기인 것처럼,

보다 많은 현실을 포착할 수 있는, 그리고 결국 현실로 돌아가 현실 속에서 소멸할 수 있는 지식·이론의 그물망을 짜려는 노력도 끝없이 계속돼야 할 것이다. 들뢰즈를 회고하면서 데리다는 (이제 그가 죽었으니) "나 혼자 방황해야 할 것이다"(『세계의 문학』, 1996년 봄)라며 비통해 한다. 대단한 자만이다! 그러니 그 혼자 방황하도록 내버려 둘까? 아니, 21세기를 눈앞에 둔 신자유주의의 시대에 방황하는 사람이 어디 그 혼자일 것인가?

참고문헌

강내희·정정호 편, 『포스트모던의 쟁점』, 터, 1991.

강영안, 「자크 라캉: 언어와 욕망」. 『포스트모더니즘과 포스트구조주의』. 현암사. 1991.

_____, 「스피노자: 자기 보존을 위한 철학」. 『철학과 현실』. 1993 가을.

_____, 「스피노자의 '정치론': 이론 구성에서의 경험의 역할」. 『사회철학대계 1』. 민음사. 1993.

_____, 「스피노자의 <신 또는 자연>」. 『서강인문논총』 제4집. 1994.

강정인, 「한국에 있어서 민주화와 정치 참여: 직접행동의 정치 참여성·폭력성 및 합리성에 관한 고찰」, 『자유민주주의의 이념적 초상』, 문학과지성, 1993.

국민연합 사무처 편, 『새로운 시작 민중 승리를 위하여』, 일송정, 1991.

그람시, 안토니오, 『옥중수고 I·II』, 이상훈 옮김, 거름, 1995.

김세균, 「'시민사회론'이 이데올로기적 함의 비판」, 『이론』 2호, 1991 여름.

_____, 「민주주의 이론과 한국 민주주의의 전망」, 『한국 민주주의의 현재적 과제』, 창작과비평, 1993.

_____, 「민중운동의 현재적 위치와 전망」, 『이론』 7호, 1993 겨울.

_____, 『한국 민주주의와 노동자 민중 정치』, 현장에서 미래를, 1997.

김지하, 「젊은 벗들! 역사에서 무엇을 배우는가」, 『조선일보』, 1991년 5월 5일.

김수정, 『L. Althusser의 이데올로기론의 성립과 발전 과정에 대한 일고찰』, 서울대 사회학 석사 학위 논문, 1991.

김영정, 「집합행동의 유형과 경향」, 『집합행동과 사회변동』, 현암사, 1988.

김진하, 「민중론에 관한 실증적 접근」, 서강대 정치외교 석사 학위 논문, 1990.

김현, 『르네 지라르 혹은 폭력의 구조』, 나남, 1987.

김형수, 「우리 그것을 배신이라 부르자: 젊은 벗이 김지하에 답한다」, 『한겨레신문』, 1991년 5월 14일.

네그리, 안토니오, 『맑스를 넘어선 맑스』, 윤수종 옮김, 새길, 1994.

_____, 「케인즈와 국가에 대한 자본주의적 이론」, 『디오니소스의 노동 I』, 이원영 옮김, 갈무리, 1996.

_____, 『야만적 별종: 스피노자에 있어서 권력과 역능에 관한 연구』, 윤수종 옮김, 푸른숲, 1997.

_____, 「네그리와의 대담」, 박기순 옮김, 『비판』, 창간호, 1997.

네그리, 안토니오·마이클 하트, 「제헌적 권능의 잠재력들」, 『디오니소스의 노동 II』, 이원영 옮김, 갈무리, 1997.

_____, 「탈근대적 법과 시민사회의 소멸」, 『디오니소스의 노동 II』, 이원영 옮김, 갈무리, 1997.

노보셀로프, 세르게이 편, 『혁명 이론의 제 문제』, 이창휘 옮김, 새길, 1989.

노중기, 「한국의 노동정치체제 변동, 1987-1997년」, 『경제와 사회』 제36호 1997 겨울.

_____, 「6월항쟁과 노동자 대투쟁」, 『6월항쟁과 한국 사회 10년 I』, 당대, 1997.

리델, 만프레드, 「시민사회의 개념과 역사적 기원」, 『마르크스주의의 위기와 포스트 마르크스주의 II』, 이병천·박형준 옮김, 의암출판, 1992.

마슈레, 피에르, 「스피노자, 『윤리학』의 개요」, 『알튀세르의 현재성』, 윤소영 옮김, 문화과학사, 1996.

마슈레, 피에르·에티엔 발리바르, 「라캉과 철학: 주체성과 상징성의 이론이라는 쟁점」, 『알튀세르와 라캉』, 윤소영 편역, 공감, 1996.

마르크스, 칼, 「유대인 문제에 대하여」, 『마르크스의 초기 저작』, 전태국 외 옮김, 열음사, 1996.

_____, 『자본론』, 김수행 옮김, 비봉출판사, 1990.

맑스, 칼, 「정치경제학 비판 서문」, 『경제학 노트』, 김호균 옮김, 이론과 실천, 1988.

맑스, 칼·프리드리히 엥겔스, 『칼 맑스 프리드리히 엥겔스 저작선집』, 최인호 외 옮김, 박종철출판사, 1991.

민족민주운동연구소, 『정세연구』, 1991년 5월.

박주필, 「집중 취재: 노 정권에 맞선 국민회의」, 『말』, 1991년 7월.

박형준, 「시민사회론의 복원과 비판적 재구성」, 『마르크스주의의 위기와 포스트 마르크스주의 I』, 의암출판, 1992.

박호성, 「왜 다시 로자 룩셈부르크인가」, 『노동운동과 민족운동』, 역사비평사, 1994.

＿＿＿, 『평등론』, 창작과비평, 1994.

박홍석, 「여론조사를 통해 본 광역 의회 선거」, 『사회평론』, 1991년 8월.

발리바르, 에티엔, 「사회주의와 맑스주의」, 『맑스주의의 역사』, 윤소영 편역, 민맥, 1992.

＿＿＿, 「비동시대성: 정치와 이데올로기」, 『알튀세르와 마르크스주의의 전화』, 윤소영
　　　옮김, 이론, 1993.

＿＿＿, 「서문」, 『대중, 계급, 사상』Masses, Classes, Ideas, Routledge, 1994(김정한 옮김,
　　　en-movement.net/265).

＿＿＿, 『마르크스의 철학, 마르크스의 정치』, 윤소영 옮김, 문화과학사, 1995.

＿＿＿, 「스피노자, 정치와 교통」, 『알튀세르의 현재성』, 윤소영 옮김, 문화과학사, 1996.

＿＿＿, 「스피노자, 반오웰: 대중들의 공포」, 『스피노자와 정치』, 진태원 옮김, 이제이북스,
　　　2005.

배동인, 「시민사회의 개념: 사상사적 접근」, 『한국의 국가와 시민사회』, 한울, 1992.

브뤼노프, 쉬잔느 드, 『국가와 자본』, 신현준 옮김, 새길, 1992.

레닌, V.I., 『공산주의에서의 좌익 소아병』, 김남섭 옮김, 돌베개, 1989.

레이프하트, 아렌트, 「비교정치연구와 비교분석방법」, 『비교정치론 강의 1』,
　　　김웅진·박찬욱·신윤환 편역, 한울, 1992.

룩셈부르크, 로자, 『대중 파업론』, 최규진 옮김, 풀무질, 1995.

르페브르, 조르주, 『혁명적 군중』, 김기실 옮김, 한그루, 1983.

사르토리, 지오반니, 「비교정치연구에 있어서 개념 정립 오류」, 『비교정치론 강의 1』,
　　　김웅진·박찬욱·신윤환 편역, 한울, 1992.

사회문화연구소 편, 『사회운동론』, 사회문화연구소, 1993.

서관모, 「마르크스주의 계급 이론의 현재성」, 『이론』 창간호, 1992 여름.

＿＿＿, 「시민성 개념의 새로운 구축을 위하여」, 『경제와 사회』, 1996 가을.

서규환, 「논술 이론과 국가 이론: 알튀세르 학파의 이데올로기론에 대한 비판을 위하여」,
　　　『한국정치학회 월례발표회 논문집 IV: 현대 국가론의 성과와 과제』, 1994.

서울 언론인 클럽, 『한국시사자료 언표 1880-1992』, 1992.

성기철, 『김영삼의 사람들 3』, 국민일보사, 1996.

손호철, 「자본주의국가와 토지 공개념」, 『한국 정치학의 새 구상』, 풀빛, 1991.

＿＿＿, 「국가-시민사회론: 한국 정치의 새 대안인가?」 『해방 50년의 한국 정치』, 새길,
　　　1995.

_____, 「80년 5·18항쟁: 민중항쟁인가, 시민 항쟁인가?」, 『해방 50년의 한국 정치』, 새길, 1995.

_____, 「한국 민주화 이론 비판」, 『이론』 15호, 1996 여름·가을.

쉐보르스키, 아담, 「계급으로서의 프롤레타리아: 계급 형성의 과정」, 『자본주의와 사회민주주의』, 최형익 옮김, 백산서당, 1995.

스카치폴, 테다, 「혁명에 대한 사회구조적 접근」, 『비교정치론 강의 2』, 김웅진 외 옮김, 한울, 1992.

스카치폴, 테다 편, 『역사사회학의 방법과 전망』, 박영신 외 옮김, 민영사, 1995

스피노자, 베네딕투그 데, 『정치론』, 공진성 옮김, 길, 2020.

_____, 『에티카』, 강영계 옮김, 서광사, 1991.

시바따 미찌오, 『근대 세계와 민중운동』, 이광주·이은호 옮김, 한벗, 1984.

아렌트, 한나, 『폭력의 세기』, 김정한 옮김, 이후, 1999.

알튀세르, 루이, 「이데올로기와 이데올로기적 국가 장치」, 『레닌과 철학』, 이진수 옮김, 백의, 1991.

_____, 『아미엥에서의 주장』, 김동수 옮김, 솔, 1991.

_____, 「마침내 맑스주의의 위기가!」, 『당내에서 더 이상 지속되어선 안 될 것』, 이진경 편역, 새길, 1992.

_____, 『철학에 대하여』, 서관모·백승욱 옮김, 동문선, 1997.

_____, 「스피노자에 대하여」, 『마키아벨리의 고독』, 김민석 옮김, 새길, 1992.

앤더슨, 베네딕트, 『상상된 공동체: 민족주의의 기원과 보급에 대한 고찰』, 서지원 옮김, 길, 2018.

양승태, 「공공성과 상업성의 사이에서: 무존재적 존재의 자유주의적 시민사회 개념의 비판적 극복을 위한 예비적 연구」, 『한국의 국가와 시민사회』, 한울, 1992.

양운덕, 「스피노자에 관한 현대적 해석: 들뢰즈의 새로운 독해」, 『시대와 철학』 15호, 1997 가을.

윤소영, 「쉬잔 드 브뤼노프의 '신자유주의' 비판」, 『마르크스주의의 전화와 인권의 정치』, 문화과학사, 1995.

_____, 『알튀세르를 위한 강의』, 공감, 1996.

_____, 「프로이트와 라캉」, 『알튀세르의 현재성』, 문화과학사, 1996.

_____, 「신흥공업국 위협하는 '신자유주의'의 정체」, 『시사저널』, 1996.

윌리엄스, 레이먼드, 『키워드』, 김성기·유리 옮김, 민음사, 2010.

윌러스틴, 이매뉴얼·지오반니 아리기·테렌스 K. 홉킨스, 『반체제운동』, 송철순·천지현 옮김, 창작과비평, 1994.

이상호, 「부르디외의 새로운 사회이론: '하비투스'와 '상징 질서'를 중심으로」, 『언론과 사회』(5호), 1994년 가을.

이신행, 「70년대와 80년대의 민중 지향적 논의」, 김병익·정문길·정과리 엮음, 『오늘의 한국 지성, 그 흐름을 읽는다: 1975-1995』, 문학과지성, 1995.

이원영, 「'일반화된 맑스주의·역사적 자본주의 분석'의 신자유주의 비판에 대한 검토」, 『서강대학원신문』 통권 50호, 1998년 4월 28일.

이진경, 「로자 룩셈부르크의 '탈근대적Ex-modern' 정치철학」, 『문화과학』, 1995 봄.

_____, 「들뢰즈: '사건의 철학'과 역사유물론」, 서울사회과학연구소 편, 『탈주의 공간을 위하여』, 푸른숲, 1997.

_____, 『맑스주의와 근대성』, 문화과학사, 1998.

임영일, 「노사관계 민주화의 조건과 전망: 노동운동 내부 요인의 변화를 중심으로」, 최장집·임현진 편, 『한국 사회와 민주주의: 한국 민주화 10년의 평가와 반성』, 나남, 1997.

임휘철, 「6월항쟁 이후 한국 경제 10년의 평가」, 『동향과 전망』, 1997 여름.

전국노동조합 백서발간위원회, 『3권 죽음으로 사수한다! 전노협』, 1997.

_____, 『8권 노동운동 연표·주요 판결·구속·해고자 현황』, 1997.

정대화, 『한국의 정치 변동, 1987-1992: 국가-정치사회-시민사회의 관계를 중심으로』, 서울대 정치학 박사 학위 논문, 1995.

정성진, 「87년 6월과 91년 6월의 성격 연구」, 『캠퍼스저널』, 1991년 7월.

_____, 「한국 경제의 사회적 축적 구조와 그 붕괴」, 『6월항쟁과 한국 사회 10년 I』, 당대, 1997.

정태석 외, 「한국의 시민사회와 민주주의의 전망」, 『한국 민주주의의 현재적 과제와 전망』, 창작과비평, 1993.

정태인, 「5월 투쟁의 평가와 민족민주운동의 과제」, 『말』, 1991년 7월.

제숍, 밥, 『풀란차스를 읽자』, 안숙영·오덕근 옮김, 백의, 1996.

조현연, 「6월 민중항쟁과 '문민 독재'」, 『이론』 17호, 1997 여름.

조희연, 「시론: 87년 6월, 그리고 다시 오는 6월」, 『한겨레신문』, 1991년 5월 25일.

_____, 「민중운동과 '시민사회', '시민운동'」, 『시민사회와 시민운동』, 한울, 1995.

지라르, 르네, 『희생양』, 김진식 옮김, 민음사, 1998.

최장집, 「한국 민주화의 실험」, 『한국 민주주의의 이론』, 한길사, 1993.

_____, 「한국 노동계급의 정치 세력화 문제, 1987-1992」, 『한국 민주주의의 이론』, 한길사, 1993.

_____, 「한국 정치에서의 변형주의」, 『한국 민주주의의 조건과 전망』, 나남, 1996.

최장집·임현진 편, 『한국 사회와 민주주의: 한국 민주화 10년의 평가와 반성』, 나남, 1997.

최정운, 「폭력과 언어의 정치: 5·18담론의 정치사회학」, 『5·18학술심포지움』, 한국정치학회 특별학술 심포지움, 1997.

_____, 「폭력과 사랑의 변증법: 5·18민중항쟁과 절대공동체의 등장」, 『세계화 시대의 인권과 사회운동: 5·18 광주 민주화 운동의 재조명』, 나남, 1998.

최진섭, 「91임투와 노동조합의 정치투쟁」, 『말』, 1991년 7월.

코워드, 로잘린드·존 엘리스, 『언어와 유물론』, 이만우 옮김, 백의, 1994.

틸리, 찰스, 『동원에서 혁명으로』, 양길현 외 옮김, 서울 프레스, 1995.

페쇠, 미셸, 「이데올로기에 대한 두 가지 성찰」, 윤소영 옮김, 『알튀세르와 마르크스주의의 전화』, 이론, 1993.

포스, 다니엘·랄프 라킨, 『혁명을 넘어서: 사회운동의 변증법』, 임현진 옮김, 나남, 1991.

푸코, 미셸, 『성의 역사 1권』, 이규현 외 옮김, 나남, 1990.

풀란차스, 니코스, 『국가, 권력, 사회주의』, 박병영 옮김, 백의, 1994.

한국철학사상연구회 편, 「자연발생성」, 『철학대사전』, 동녘, 1989.

한사연 경제연구실, 「신경제 2년의 평가」, 『동향과 전망』, 1995 봄.

홉스봄, 에릭, 「폭력의 규칙」, 『혁명가: 역사의 전복자들』, 김정한·안중철 옮김, 길, 2008.

Althusser, Louis, "Reply to John Lewis," *Essays in Self-Criticism*, NLB, 1976.

Copleston, Frederick, *A History of Philosophy*, vol. IV. The New Man Press, 1961.

Wallerstein, Immanuel, "1968, Revolution of the Capitalist World-System," *Theory and Society*, Vol. XVIII. No. 2., Spring 1989.

Labica, Georges et G. Bensussan, "masses," *Dictionnaire Critique du Marxisme*, PUF, 1982.

Negri, Antonio, "Interpretation of the Class Situation Today: Methodological Aspects," *Open Marxism II*, Pluto Press, 1992.

Nimni, Ephraim, "The Great Failure, Marxist Theory of Nationalism," *Capital and Calss*, no. 25., 1985.

Virno, Paolo, and Michael Hardt ed., "Glossary of Concepts," *Radical Thought in Italy*, University of Minnesota Press, 1996.

Montag, Warren, "Spinoza and Althusser against Hermeneutics: Interpretation or Intervention?," E. Ann Kaplan and M. Sprinker(ed), *The Althusserian Legacy*, Verso, 1993.

1991년 5월 투쟁 일지

4월	26일	명지대 강경대 시위 도중 백골단에 의한 폭행, 사망
	27일	'고 강경대 열사 폭력 살인 규탄과 공안 통치 분쇄를 위한 범국민대책회의' 결성
	29일	전남대 박승희 분신(5월 19일 사망) 고 강경대 열사 폭력 살인 규탄과 공안 통치 분쇄를 위한 범국민대회, 전국 5만 참여(범국민대책회의)
	30일	노재봉 국무총리 대국민 사과 발언
5월	1일	안동대 김영균 분신(5월 2일 사망) 세계 노동절 102주년 기념대회(전노협)
	2일	노태우 대통령 간접적인 사과 발언
	3일	경원대 천세용 분신, 사망
	4일	백골단 전경 해체 및 공안 통치 종식을 위한 범국민대회, 전국 20만 참여(범국민대책회의)
	5일	김지하 조선일보에 투고문 게재
	6일	한진중공업 노조위원장 박창수 의문사
	7일	박창수 위원장 시신이 안치된 안양병원 영안실 백골단 투입, 강제 부검
	8일	전민련 전 사회부장 김기설 분신, 사망 서강대 총장 박홍 '어둠의 세력' 기자회견 전국 145개 대학 동맹휴업 돌입(전대협)
	9일	민자당 해체와 공안 통치 종식을 위한 범국민대회, 전국 50만 참여(범국민대책회의) 　　　　　　전국 98개 노조 시한부 총파업(전국투본)
	10일	광주 윤용하 분신(5월 12일 사망) 민자당 국가보안법·경찰법 수정안 단독 가결
	11일	박창수 위원장 옥중 살인 규탄 및 노태우 정권 퇴진을 위한 노동자대회(전노협) 고 박창수 위원장 옥중 살인 및 원진 직업병 살인 규탄 노태우 정권 퇴진 결의대회(전국투본) 검찰 범국민대책회의 지도부 9명에 대한 검거 전담반 편성

	13일	전대협 소속 대학생 46명 민자당 중앙당사 점거, 전원 연행
	14일	애국 학생 고 강경대 열사 민주국민장(무산)(범국민대책회의)
		해직 교사 120여 명 명동성당 단식 농성 돌입(전교조)
	18일	연세대 철교에서 이정순 분신, 사망 / 전남 보성고 김철수 분신(6월 1일 사망) / 광주 운전기사 차태권 분신
		노태우 정권 퇴진 제2차 국민대회 / 고 강경대 열사 장례식, 전국 40만 참여(범국민대책회의)
		고 박창수 위원장 옥중 살인 규탄과 폭력 통치 종식을 위한 전국 노조 총파업(전국투본)
		범국민대책회의 '공안 통치 분쇄와 민주 정부 수립을 위한 범국민대책회의'로 개편
		범국민대책회의 명동성당 투쟁 돌입
	20일	광주 권창수 시위 도중 진압 전경에 의한 폭행, 중태
	22일	광주 정상순 분신(5월 29일 사망)
		노재봉 국무총리 사퇴
	25일	성균관대 김귀정 시위 도중 강경 진압에 의한 질식사
		공안 통치 민생 파탄 노태우 정권 퇴진 제3차 국민대회, 전국 17만 참여(범국민대책회의)
		정원식 국무총리 임명 등 내각 개편
	28일	노태우 대통령 민심 수습 대책 발표
6월	1일	전대협 5기 출범식(부산대)
	2일	노태우 정권 퇴진 제4차 국민대회(범국민대책회의)
		고 박창수 위원장 공작 살인 안기부 해체 및 노태우 정권 퇴진을 위한 노동자대회(전국투본)

3일	한국외대에서 정원식 국무총리 서리에 대한 달걀밀가루 세례 사건
7일	검찰 민중운동 핵심 간부 107명에 대한 검거 전담반 편성
8일	인천 삼미기공 노동자 이진희 분신(6월 15일 사망) 6·10항쟁 계승 및 노태우 정권 퇴진 제5차 국민대회, 전국 3만 참여(범국민대책회의)
12일	고 김귀정 열사 장례식(범국민대책회의)
15일	인천 공성교통 택시 노동자 석광수 분신(6월 24일 사망) 국민회의 선포식(범국민대책회의 재편) / 민족민주 열사 합동추모제(범국민대책회의)
20일	광역 의회 선거
24일	유서 대필 공방 끝에 강기훈 검찰에 자진 출두
29일	6·29선언 파산선고와 노동운동 탄압 규탄 제6차 국민대회 노동 열사 고 박창수 위원장 전국 노동자 장례식 범국민대책회의 명동성당 투쟁 해제

찾아보기